David Brandon · Zen in der Kunst des Helfens

W0065397

David Brandon

Zen in der
Kunst des Helfens

Kösel-Verlag München

Übersetzung aus dem Englischen Wolfgang Stifter, Wiesbaden. Die Originalausgabe erschien unter dem Titel »Zen in the Art of Helping« bei Routledge & Kegan Paul Ltd., London.

CIP-Kurztitelaufnahme der Deutschen Bibliothek

Brandon, David:
Zen in der Kunst des Helfens / David Brandon. [Übers. aus d. Engl. Wolfgang Stifter]. – München : Kösel, 1983.
Einheitssacht.: Zen in the art of helping ⟨dt.⟩
ISBN 3-466-34075-6

ISBN 3-466-34075-6
Copyright 1976 by David Brandon
© 1983 für die deutsche Ausgabe by Kösel-Verlag GmbH & Co., München.
Printed in Germany. Alle Rechte vorbehalten.
Gesamtherstellung: Kösel, Kempten.
Umschlag: Adolf Bachmann, München.

Inhalt

1 Einleitung

Ein weiser Freund warnte mich davor, allzu klug sein zu wollen und dieses Buch zu schreiben. Er wollte nicht, daß ich zu intellektuell würde. Er befürchtete, ich könnte die Leser in einem Strom von Zitaten aus unbekannten japanischen und chinesischen Quellen ertränken und das ganze Thema Zen in einen modischen Unterhaltungsbeitrag am Kaffeetisch entarten lassen.

Ich muß mit leichtem Gepäck reisen und mich von meinem Bedürfnis frei machen, wie ein Eichhörnchen die klugen und tiefgründigen Dinge zusammenzusammeln, die andere Autoren schon geschrieben haben. Ich habe die Aufgabe, tief in meine eigene Natur einzudringen und Aspekte aus meinem unmittelbaren Erleben zum Ausdruck zu bringen, ohne mein Ich künstlich aufzubauschen oder allzu subjektiv zu werden. Ich möchte mehr aus der Intuition als aus der Reflexion heraus schreiben.

Das bedeutet, daß ich mich von dem Wunsch freimachen muß, Eindruck zu schinden oder Gedanken zum Ausdruck zu bringen, nur weil sie vielleicht provozieren oder sich gut anhören. Die Wahrheit liegt ebenso häufig im Klischeehaften und Banalen wie in der geistreichen Bemerkung. Ich werde versuchen, ehrlich zu sein und mich eng an meine unmittelbaren Erfahrungen zu halten. Ich werde auch wiederholt versuchen, mit sorgfältig geknüpften Netzen etwas vom flüchtigen und schwer faßbaren Wesen des Zen, des Taoismus und des »Hier und Jetzt« einzufangen, wobei ich schon die Zen-Meister laut lachen und sie ausrufen höre: »Lebe statt zu definieren«. Zen-Meister hatten vor allen Dingen außerordentlich wenig Respekt – insbesondere vor dem geschriebenen Wort. Sie waren und sind die Houdinis der Begriffsbildung und philosophischen Spekulation. Das war aber ihre Natur, nicht meine.

Ich habe nicht die Absicht, mich durch den Begriff Zen einschüchtern zu lassen. Vielmehr möchte ich mit ihm etwas beschreiben, was dem Leben eine besondere Würze gibt. Ich möchte ihn in einem weiteren Sinn benutzen und nicht lediglich als eine bestimmte Richtung innerhalb des Buddhismus verstehen. Vor etwa vier oder fünf Jahren stieß ich darauf, daß Zen auch meine andere große Liebe im Leben um vieles bereichern konnte, nämlich die Sozialarbeit. Die Zeiten, in denen ich meditierte, halfen mir, meinen Geist zu beruhigen, und ermöglichten mir auch eine klarere Einschätzung meiner Klienten. Es schien, daß ich nun sowohl meinem eigenen Wesen als auch dem ihren näherkommen konnte.

Das Wesentliche am Zen ist nicht die Gelehrsamkeit, eine Philosophie, die buddhistische Lehre und nicht einmal Zazen (Meditation im Sitzen), mit anderen Worten: Zen. Es ist nur eines: die Erkenntnis, daß Buddha in jedem Menschen ist.[1]

Das kommt dem nahe, was die Quäker mit dem »inneren Licht in jedem Menschen« meinen. Das, was dieser Gedanke zu meiner Arbeit beizutragen hatte, vertiefte sich im Laufe der Jahre. Beim Prozeß des Helfens geht es im wesentlichen darum, dieses Licht in sich selber zu entdecken und ein im besten Falle unbewußter Anstoß für andere zu sein, ihr eigenes Licht zu finden.

Am Anfang war Zen ein Hilfsmittel für die Befriedigung meines sehnlichen Verlangens gewesen, mein Ich zu »verbessern«. Ich war entspannter und gelassener. Doch sehr bald drängte sich mir die Frage auf, woher dieses Verlangen nach dem Besseren denn nun eigentlich rührte. Warum war es so wichtig für mich, mich in psychischer Hinsicht zu verbessern, anders zu sein, mich zu verändern? Warum wollte ich um alles die dunkleren Seiten meines Wesens leugnen, war ich so unzufrieden mit mir selber? Was trieb mich so unnachgiebig an?

Shakespeare's *König Lear* wies mir früh den Weg. In diesem Stück wurden sehr grundlegende Fragen über die Natur des Menschen gestellt. Was ist der Mensch ohne Pomp und Staat, Stolz, soziale Rolle und Prestige, Kleidung, Landbesitz und gar geistige Gesundheit? Besitzt ein einzelner Mensch irgend etwas Besonderes oder Einzigartiges, etwas, womit sich seine Trennung von anderen erklären läßt?

Als ich – zunächst als Krankenpfleger und später als Sozialarbeiter – mit dem Leiden älterer und sozial isolierter Menschen zu tun bekam, schienen mir die individuellen Lebensgeschichten einander und auch der meinen auffallend ähnlich zu sein. Die Unterschiede schienen hauptsächlich oberflächlicher Natur zu sein. Schaute man tiefer, so machten Männer wie Frauen weitgehend gleiche Prozesse durch – sie hatten Kinder, erlebten Freud und Leid, wurden von Krankheiten geplagt, mußten schmerzliche Verluste hinnehmen und starben schließlich selber.

In den Anfängen meiner Tätigkeit als Sozialarbeiter wurde ich vor allen Dingen mit dem Problem der Obdachlosigkeit konfrontiert. Die obdachlosen Männer und Frauen besaßen sehr wenig. Sie hatten den Lear-Prozeß durchgemacht und sich nahezu aller Dinge entledigt bzw. wurden nahezu aller Dinge entledigt – ihrer Familien, sozialer Beziehungen, ausreichender Kleidung und Geld, richtiger Nahrung und Unterkunft. Ich verbrachte Jahre damit, mit Leuten zu sprechen, die in Hausruinen, unter Eisenbahnbrücken und in Parks lebten. Es gab wenig Dinge, die ihnen auf die Dauer blieben. Ihr Denken und Tun kreiste und kreist um die unmittelbare Gegenwart, den Augenblick und die nächsten paar Minuten – um die nächste Mahlzeit, das nächste Almosen, das nächste Bett.

Es ist kein Zufall, daß sich so viele große Religionsführer dieser Welt für ein Vagabundendasein entschieden, auf ein festes Zuhause verzichteten und auf dem Erdball herumwanderten. »Die Füchse haben Höhlen und die Vögel des Himmels Nester; aber der Menschensohn hat nicht, wohin er sein Haupt lege.«[2] Hat man ein Zuhause, so kann dadurch unter Umständen der

Blickwinkel eingeengt werden. Ein zu gemütlicher Lehnstuhl verhindert eventuell, daß man sich woandershin begibt. Religionsführer mußten in ideologischer Hinsicht unbestimmt bleiben. Sie mußten vorherrschende und fest eingefahrene Lebensanschauungen in Frage stellen. Die Hypothek kann leicht die Geheimwaffe der Gesellschaft gegen Radikalismus und Bilderstürmerei sein.

Ein Zuhause hält die Menschen von vielen der großen Wogen und Turbulenzen des Lebens fern. Das Zuhause ist ein Zufluchtsort mit Zentralheizung. Es vermag den Menschen einzureden, daß das Leben wärmer, weniger ruhelos und weniger zerrüttend ist, als es sich einem Blick aus einem breiten Aussichtsfenster bietet. Für den Obdachlosen sind solche Gefühle keine Versicherung oder Zuflucht. Jeden Tag sucht er nach einem Unterschlupf vor Wind und Regen. Jeden Tag spürt er die Veränderungen im Wetter, die verschiedenen Jahreszeiten. Das Leben treibt ihn vor sich her wie der Herbstwind ein welkes Blatt.[3]

Die Kosten dafür sind ganz und gar unromantisch. Er bezahlt für seine Obdachlosigkeit mit Bronchitis, Frostbeulen und Tuberkulose, mit Alkoholsucht und juckenden Flöhen. Er wird leicht zum einem Objekt der Nächstenliebe, zu einem Stück Plastilin, das von den sozialen Einrichtungen geknetet und geformt wird. Er kann ständig als »Drückeberger«, als »Bettler« definiert werden. Sein Gefühl für Menschlichkeit kann schnell abstumpfen.

Die Hauptbedingung für eine konstruktive Ruhelosigkeit besteht darin, den Mittelweg einzuschlagen. Um geistig und körperlich zu reifen und ein Leben ohne starre Ansichten zu führen, scheint es erforderlich zu sein, weder zu viel noch zu wenig zu besitzen. Denken und Tun der Armen sind ständig darauf ausgerichtet, die Gefahr des Verhungerns abzuwenden und sich vor dem Regen zu schützen; die Wohlhabenden verbringen ihre Zeit damit, neue Dinge zu erwerben und bereits Erworbenes zu schützen: nämlich einen Zustand der Sättigung, einen ausreichenden Schutz gegen die Stürme des

Lebens. Nur ein Mensch, der nicht Gefangener seines Besitzes ist, aber auch nicht vollkommen von der Notwendigkeit beansprucht wird, Nahrung und Unterkunft zu finden, kann wichtige Fragen stellen und sein Leben nach ihnen ausrichten, Fragen wie: »Wer bin ich?« »Wohin gehe ich?« »Was ist der andere Mensch?« »Was ist das Leben?« Diese Fragen und eine entsprechende Gestaltung der Lebensführung machen das Wesen des Zen aus – oder wie immer man es nennen will.

Obdachlose Männer und Frauen sind große Lehrer. Ich wünsche, ich wäre ihnen ein geduldigerer und fleißigerer Schüler gewesen. Das Umlernen fiel mir sehr schwer. Ich hielt unbeirrt an meinen Antworten fest, auch in Situationen, in denen sie zunehmend irrelevant wurden.

Auf den folgenden Seiten werde ich versuchen, den eingeschlagenen Weg weiterzugehen und auf zuviel Beiwerk, Urteile und Worte zu verzichten.

> Allein inmitten der ruhenden Berge
> döse ich am Fenster.
> Kein leeres Gerede vermag die Wahrheit zu enthüllen:
> den Duft der Pflaumen dort im Garten!
>
> (Bankei, 1622–93)[4]

In diesem Buch möchte ich mich mit fünf wichtigen Bereichen näher befassen, in denen der Prozeß des Helfens erhellt werden kann. Es gibt eine bestimmte Gruppe von Leuten, die sich mit dem Helfen ihren Lebensunterhalt verdienen – professionelle Helfer wie Krankenschwestern und -pfleger, Ärzte, Sozialarbeiter und Lehrer. Doch wir alle sind während des ganzen Lebens helfend tätig und erfahren Hilfe. Diesen Prozeß möchte ich im Licht des Zen betrachten und das Helfen als eine Lebensform sehen, nicht als einen bestimmten Job oder eine berufliche Karriere. Ich möchte mich auch energisch gegen die Geistlosigkeit vieler Bemühungen stellen, die einer Professionalisierung und Technisierung insbesondere in den helfenden Berufen gelten.

Ich wäre traurig, wenn dieses Buch als ein weiterer Versuch gesehen würde, ein helfendes Überich zu entwickeln. Der Weg des Zen besteht nicht darin, unsere Phantasien vom Übermenschen Wirklichkeit werden zu lassen, ein »besserer« Mensch zu werden und seine Schattenseiten zu leugnen, sondern menschlicher zu werden. Wir lernen, unsere Fehlbarkeit, unseren Zorn und unsere Ungeduld zu akzeptieren.

Ich möchte versuchen, das Wesentliche an Zen aufzudecken, das aus den eigenen Gefühlen und einem sehr tief empfundenen Anliegen besteht, nämlich dem Anliegen um Intuition und Mitgefühl, das auch in der Sozialarbeit, in der Medizin, in den Lehrberufen, im Christentum, im Innersten des Islam und im Innersten des Hinduismus deutlicher vernehmbar ist. Auch wenn man das Wort Zen noch nie zuvor gehört haben sollte, weiß man bereits eine ganze Menge darüber.

Die Frage, ob und wie weit wir andere mit unserer Hilfe behindern, wird nur selten überprüft. Wenn wir ganz ehrlich sind, müssen wir zugeben, daß wir anderen häufig nur im geringen Maße hilfreich sind, ja sie manchmal sogar behindern. Wir verlangen, daß unsere Klienten sich unseren Vorstellungen von ihnen anpassen statt ihren eigenen Weg zur Entwicklung ihrer Persönlichkeit zu gehen. Auf diesem Weg stören wir sie, statt hilfreich einzugreifen. Die Helfer machen ihre Klienten zu Abhängigen. Sie lassen sie zu passiven Konsumenten werden. Ivan Illich hat dies »Iatrogenesis« genannt, womit schlicht und einfach die Fähigkeit von helfenden Organisationen und Helfern gemeint ist, diejenigen, die ihre Dienste in Anspruch nehmen, zu behindern, die Bemühungen um Selbsthilfe zu untergraben. Unser sehnliches Verlangen nach Status, Sicherheit und Macht steht in einem direkten Gegensatz zu einer wirklichen Hilfeleistung.

Ich sitze auf dem Rücken eines Mannes, würge ihn und lasse mich von ihm tragen, versichere aber mir selber und anderen, daß er mir sehr leid tut und ich sein Los mit allen mir zur Verfügung stehenden Mitteln erleichtern möchte – ausgenommen dadurch, daß ich von seinem Rücken steige.[5]

Der wahre Kern aller unserer Hilfe, das, was sie effektiv macht, ist Mitgefühl. Ich möchte später ausführlich über das Wesen des Mitgefühls sprechen. Was weckt in uns das Bedürfnis, zu helfen und zu heilen? Welche Beziehung besteht zwischen unseren Absichten und den Ergebnissen unseres Handelns? Dies steht in enger Verbindung mit dem Zusammenfließen aller Liebe und allen Mitgefühls – das im Zen »Satori« oder »Erleuchtung« genannt wird.

Wer dem Weg des Zen folgt, ist ganz vom Jetzt durchdrungen. Das erfüllt ihn mit Leben und setzt Energien frei. Hier besteht ein direkter Zusammenhang mit unseren Auffassungen von geistiger Gesundheit, ist doch die Fähigkeit, das Maximum an Energie auf den gegenwärtigen Augenblick zu konzentrieren, ein wichtiger Aspekt psychischen Wohlbefindens. An der Vergangenheit kann ich wenig ausrichten, an der Zukunft kaum etwas, aber *jetzt* kann ich Entscheidungen treffen.

Im Mittelpunkt unserer Bemühungen um Hilfe steht die Veränderung. Wir streben ernsthaft nach besseren Bedingungen, besseren Einsichten und besseren Gefühlen sowohl für uns als auch für andere. Ich möchte näher auf die Folgen und die Art der taoistischen Veränderung eingehen, eine Veränderung, die dem Sein und nicht dem Werden entspringt, die unser eigenes Innerstes ebenso betrifft wie die Situation anderer und die größeren sozialen Strukturen und Institutionen.

Das letzte Kapitel habe ich »Zen in der Kunst des Helfens« genannt. Ich möchte dort die praktischen Folgerungen für die Entwicklung sozialer Einrichtungen aus der Zen-Perspektive darstellen. Wie können wir professionelle Helfer dazu ermutigen, die grundlegende Natur der Einrichtungen, in denen sie arbeiten, in Frage zu stellen? Wie können wir tägliche Nahrung in unserem gewöhnlichen Leben finden? Wie können wir ständig gegenwärtige Sichtweisen der Realität aufgrund unserer Erfahrungen in Frage stellen?

2 Was ist Zen?

Zen läßt sich nicht definieren. Es ist kein »Ding«, das man mit Worten einkreisen oder über das man mit Worten reflektieren kann. Glauben wir schon, den Kreis mit Worten geschlossen zu haben, entschwindet uns das letzte Wort und verschwindet lachend am Horizont. So heißt es in einem der großen Texte:

Wenn wir wissen, was Zen ist, sehen wir es überall (und was überall ist, ist nirgends). Wie können wir darauf zeigen, wenn es genau in dem Finger ist, mit dem wir zeigen?[1]

Der Versuch, Zen zu beschreiben, kommt dem Versuch gleich, Wolken mit einem Lasso einzufangen. Zen ist ein japanisches Wort und heißt einfach Meditation. Es ist die Bezeichnung für eine Schule des Buddhismus, die hervorgegangen ist aus der Vereinigung der sehr pragmatischen chinesischen Philosophie des Taoismus mit dem indischen Buddhismus, der vermutlich im 6. Jahrhundert n. Chr. vom Mönch Bodhidharma nach China gebracht wurde. Es ist aber sehr gut möglich, daß viele der zahlreichen Geschichten über Bodhidharma Mythen sind. Alan Watts findet es sogar fraglich, ob er überhaupt den Buddhismus nach China eingeführt hat.[2]

Die Geschichten zeichnen ein Bild von einer sehr rätselhaften Figur, die soweit wie nur denkbar von der konventionellen Vorstellung eines religiösen Missionars abweicht. Er schien es darauf abgesehen zu haben, die Chinesen, denen er begegnete, zu provozieren und zu ärgern. Entweder riet er Schülern, die zu ihm kamen, um bei ihm zu lernen, direkt ab oder er legte ihnen unerhört schwierige Prüfungen auf. Die folgende berühmte vierzeilige Strophe aus einem Zen-Gedicht wurde ihm zugeschrieben, doch wurde sie in Wirklichkeit erst sehr viel später verfaßt:

Eine besondere Übermittlung jenseits von Schriften,
Nicht gegründet auf Wörter und Buchstaben,
Direkt auf den menschlichen Geist zeigend,
In die eigene Natur blickend und Buddhatum erreichend.[3]

Unabhängig von der historischen Wahrheit über Bodhidharma
waren die frühen Ch'an Meister (Ch'an ist das chinesische Wort
für Zen) häufig rauhe und exzentrische Persönlichkeiten, die
von ihren Schülern oft strikten Gehorsam verlangten. Sie
waren große Bilderstürmer, die alle orthodoxen Meinungen
nicht nur mit Worten, sondern mit ihrem ganzen Dasein in
Frage stellten. Zen wurde besonders in Nordchina sehr
bedeutsam und gewann in der Entwicklung Japans einige
Jahrhunderte später sogar noch mehr an Wichtigkeit.

Zen durchdrang und durchdringt auch heute noch viele
Aspekte des Lebens in Japan. Sein Einfluß und seine Fragen
nach der Wurzel und dem Ursprung allen Lebens werden in der
Lebhaftigkeit der Gemälde von Hokusai und Hiroshige deut-
lich. Wir können es auch in der schwungvollen Kalligraphie
erkennen – einer scheinbar paradoxen Kombination aus großer
Spontaneität und Vitalität sowie strenger Disziplin. Es findet
sich auch in der Bonzai-Baumpflege, in der Gärtnerei und in
der Landschaftsgestaltung; in den Haiku-Gedichten, die wir
Basho und vielen anderen verdanken; im Teezeremoniell,
Fechten, Judo und Aikido; am häufigsten aber in der reinen
Lebenskunst.[4, 5, 6]

Zen wurde über viele Jahrhunderte hinweg von Tausenden von
Meistern und ihren Schülern gelebt. Diese Lebensform verhalf
zu Leben. Jeder Meister übertrug an seine Schüler eine
befreiende Lebensweise und Botschaft und achtete streng auf
ihre Entwicklung und ihr richtiges Verständnis. Die Meister
waren ihre eigenen Herren. Sie verhielten sich manchmal
wütend, spontan. Sie zeigten den Weg zur Erleuchtung,
brachten mit List, Ermutigung und schockierendem Verhalten
ihre Schüler dazu, ihre eigene Natur zu erkennen. Die Meister
waren aber auch praktische Männer. Eine Zeit lang konzen-
trierten sie sich ganz auf das Meditieren, dann kultivierten sie

wieder das Land, um ihre eigenen Nahrungsmittel anzubauen, kochten und klopften Steine.

Zen ist eine Form des Erwachens, die kein Monopol für sich beansprucht. Die offen erklärte Absicht besteht darin, die Menschen von ihren täuschenden Vorstellungen über die Welt und sich selber zu befreien. Der Mensch ist an das Samsara-Rad gebunden, an den Kreislauf vergeblicher Anstrengungen. Wir selber sind ein Teil des Knotens, den wir so verzweifelt entwirren möchten. Je mehr wir uns blindlings abmühen, die Stricke zu lösen, desto fester und einengender werden sie. Diese verknoteten Stricke sind das drängende Verlangen des Menschen nach Sex, Prestige, Status und materiellem Besitz. Er haftet sich fest an Objekte, Begriffe und Eigentümer, die ihn nach unten drücken und daran hindern, die Welt so zu sehen, wie sie wirklich ist. Er ist von Möglichkeiten abgeschnitten, die Welt neu zu erforschen und Freude zu empfinden.

Diese unterschiedlichen Formen des Verlangens setzen sich im Laufe der Jahrhunderte in allen Arten von sozialen Strukturen und Einrichtungen fest. Diejenigen, die mit relativem Erfolg Besitz angehäuft und eine höhere soziale Position erreicht haben, möchten sicherstellen, daß sie auch erfolgreich bleiben und in der Lage sind, das von ihnen Erreichte an ihre Kinder weiterzugeben. Ihr Verlangen dehnt sich auf spätere Generationen aus. Sie errichten mit und ohne Absicht Barrieren erzieherischer, finanzieller und gesetzlicher Art, um ihr Eigentum und andere Interessen zu schützen. Sie versuchen, den materiell relativ wenig Erfolgreichen den Zugang zu Macht und Einfluß zu versperren.

Diese Strukturen und die sie schützenden Einrichtungen verfestigen sich weiter und verstärken noch die grundlegenden Ungleichheiten zwischen den Menschen, die Unterschiede in der Art der Behausung, der gesundheitlichen Versorgung, der Bildung und des Einkommens. Sie belohnen und ermuntern zu Habgier, Selbstsucht und Ausbeutung statt zu Liebe, Bereitschaft zu teilen und Mitgefühl. Der Lebensstil bestimmter Leute, der durch Habgier und übermäßigen Konsum gekennzeichnet ist, wird von der Entbehrung vieler abhängig. Die Unterdrücker und die Unterdrückten sind gleichermaßen Opfer des ständigen Verlangens.

Diese Formen des Verlangens lassen sich nie mit irgendwelchen äußeren Mitteln befriedigen. Die Bedürfnisse lassen sich niemals – ausgenommen für den Augenblick – durch ihre Objekte sättigen. Sobald ich ein Verlangen gestillt oder seines Objekts habhaft geworden bin, lerne ich schnell, es in seiner Bedeutung abzuwerten, und ein anderes tritt an seine Stelle. Sobald ich die kesse Blondine erobert und den Sportwagen erworben habe, sehne ich mich nach einer großen Jacht und einem Haus auf dem Land.

Diese Formen des Verlangens sind alle Fata Morganas vor unserem geistigen Auge. Die Kluft zwischen Verlangen und Befriedigung wird Leiden genannt. Die Menschen verharren im Leiden. Sie laufen attraktiven Luftspiegelungen nach, ohne sie wirklich zu erreichen, und erfahren nur sehr wenig von der gegenwärtigen Welt. Das wirkliche Erwachen oder – wie es im Zen-Buddhismus genannt wird – SATORI besteht darin, daß die Fesseln des Verlangens gesprengt werden. Dann frage ich mich nicht mehr, was mich befriedigen wird, sondern, warum ich ständig unbefriedigt bin. Dann erkenne ich das Unwirkliche der Objekte meines Begehrens und werde der Wahrheit und Weisheit in mir bewußt, statt nach etwas außerhalb von mir zu suchen.

Die Menschen suchen nach Kraft, Sinn und Führung überall, nur nicht in sich selber. Wir suchen nach dem Mysteriösen, dem Übernatürlichen und dem Komplizierten und geben uns nie damit zufrieden, den Sinn unseres Lebens darin zu erkennen, es einfach zu leben. Wir können nicht die Wahrheit in der Kaffeetasse oder im Baum sehen.

Daisetz Suzuki schrieb:

Zen ist seinem Wesen nach die Kunst, die Natur des eigenen Seins zu erkennen. Es weist den Weg von der Unfreiheit zur Freiheit ... Wir können sagen, daß Zen all die Energien freisetzt, die von Natur aus in jedem von uns schon gespeichert sind, die aber unter gewöhnlichen

Umständen gehemmt und verzerrt sind, so daß sie keinen angemessenen Zugang zur Aktivität finden können ... Es ist daher das Ziel des Zen, uns davor zu bewahren, zum Verrückten oder zum Krüppel zu werden. Das ist das, was ich mit Freiheit meine, nämlich allen unseren kreativen und wohlwollenden Impulsen, die von Natur aus in unserem Herzen bestehen, freien Spielraum zu verschaffen. Im allgemeinen sind wir dieser Tatsache gegenüber blind, der Tatsache nämlich, daß wir im Besitz all der notwendigen Fähigkeiten sind, die uns glücklich machen und einander lieben lassen.[7]

Wir haben bereits alles, was wir brauchen. Das Satori des Zen ist keine weit entfernte magische oder vage Vision, von der man träumen kann, die aber in diesem Leben niemals Wirklichkeit wird. Es ist das, was der Zen-Meister Nansen »Alltagsgeist« genannt hat.[8] Das große Wunder des Satori liegt in der reinen Gewöhnlichkeit – der unseren und der unserer Welt. Es verachtet das Übernatürliche und das Magische. Es ist im Schmutz und in Kieselsteinen ebenso zu Hause wie in den Sternschnuppen und den nebelverhangenen Bergen.

Ihr, die ihr dem großen Weg folgt, das Buddha-Dharma bedarf keiner geschickten Anwendung. Seid so wie gewöhnlich, sucht nach nichts weiter, verrichtet eure Bedürfnisse, tragt Kleider und eßt. »Wenn ich müde bin, schlafe ich. Die Narren lachen über mich, die Weisen aber verstehen mich.« Ein alter Meister sagte: »Sich dem Äußeren zuzuwenden und sich ihm zu widmen ist der Fehler eines starrköpfigen Narren.« Wenn du eine Situation meisterst, in der du gerade stehst, dann wird alles Wahrheit, egal, wo du stehst. Du bist nicht mehr den Umständen ausgeliefert.[9]

Wenn die Erleuchtung nicht wahrgenommen werden kann, dann deswegen, weil sie so gewöhnlich ist, während wir nach etwas Besonderem suchen. Wir halten Ausschau nach der weit entfernten Vision und übersehen dabei das tote Blatt auf dem Boden. Wir suchen überall, nur nicht unter unseren Füßen.

Ihr sollt wissen, daß es, was die Buddhanatur anbelangt, keinen Unterschied gibt zwischen einem Erleuchteten und einem Unwissenden. Der Unterschied besteht darin, daß der eine es erkennt, während der andere es nicht weiß.[10]

Jeder Mensch ist bereits erwacht und braucht sich dessen nur bewußt zu werden. Er ist bereits an seinem Bestimmungsort angelangt, bemüht sich aber trotzdem verzweifelt – aus seiner blind machenden Enttäuschung heraus – Karten zu kaufen, um dem Weg weiter zu folgen. Würde er nur seine starren Vorstellungen von Erleuchtung ablegen können, wäre er am Ziel seiner Reise. Ein Zen-Meister bemerkte: »Es gibt keine Erleuchtung, die es zu erreichen gilt, und niemanden, der sie erreichen soll.«[11]

Wie kann man nun dem Helfen die Würze des Zen geben? Der Geschmack von Zen erinnert an scharfen Chilli-Pfeffer. Man muß den Mund weit öffnen, um ihn zu schmecken, aber dann ist er unverkennbar. Wir wußten es schon immer, haben uns aber mit Erfolg eingeredet, daß wir es nicht wußten. Wir wissen sofort, wann wir gute Hilfe geleistet haben. Wir haben sowohl der anderen Person als auch uns selber etwas Gutes getan. Wir handelten in jenem Augenblick vollkommen selbstvergessen und ohne in irgendeiner Form zu urteilen. Jeder ging ganz im Kontakt mit dem oder den anderen auf, verschmolz mit ihm oder ihnen zu einer Einheit.

Die Erfahrung des Helfens war von einer inneren Harmonie geprägt. Es gab nicht mehr den Wunsch, Spielchen zu treiben oder etwas vorzutäuschen. Wir haben – vielleicht nur für einen Augenblick – unsere Bemühungen aufgegeben, die anderen zu manipulieren, sie zu beeindrucken. Wir haben unser Bedürfnis nach Wichtigtuerei und Sicherheit vergessen. Wir haben vergessen, wer nach unserem Teil die »gute« und wer die »schlechte« Rolle innehat. Es schien nicht mehr notwendig, die Grenzen unserer Persönlichkeiten zu definieren und zu schützen. Doch selbst wenn all dies »mißlang«, war es ebenfalls schön.

Zen im Rahmen des Helfens hat nichts Magisches an sich. Es entspricht der Harmonie, die für die Sozialarbeit, die Lehrtätigkeit und den informellen Kontakt zwischen Menschen typisch ist. Dieser Kontakt läßt die Barrieren zwischen dem eigenen Ich und dem anderen durch größere und wahrhaftigere

Menschlichkeit – nicht durch einen Griff nach den Sternen – hinwegschmelzen. Gemeint sind jene Barrieren, die aufgrund unterschiedlicher Bildung, sozialer Position und Erziehung aufgebaut werden. Zu dieser Art des Kontakts gehört auch, daß wir fern von sozialen Konventionen und Erwartungen direkt aus dem Herzen mit dem anderen kommunizieren und auf ihn zugehen. So streben wir – ungeachtet der vielen Irrwege, die uns zeigen wollen, was sein »soll« oder »muß« – unmittelbar auf die Liebe zu.

Dieses Auf-den-anderen-Zugehen erwächst nicht aus einer bestimmten professionellen Haltung oder gar einem Studium des Buddhismus. Es rührt von der Art und Weise her, wie wir leben. In ihm spiegelt sich die unmittelbare Erkenntnis wider, daß zwar jeder von uns einzigartig ist, uns allen aber die grundlegenden menschlichen Gefühle und Erfahrungen gemeinsam sind. Wir werden geboren, wir leiden und wir sterben. Helfen und Zen sind nicht zwei voneinander getrennte Prozesse. Sie entstammen beide ein- und demselben menschlichen Bedürfnis, auf andere zuzugehen, unseren Erfahrungen einen Sinn zu geben und sie zu gestalten.

Als ich als Sozialarbeiter Menschen mit psychischen Problemen betreute, wurde ich eines Abends zu einem Haus in West Sussex gerufen. Die Frau, die mich anrief, befand sich in großer Not. Ihr Ehemann hatte sie viele Male vorher geschlagen, und sie fühlte sich nun an den absoluten Grenzen ihrer psychischen und physischen Ausdauer. Wir saßen dann alle drei in einem unordentlichen Wohnzimmer – ich, die grün und blau geschlagene Frau und ihr ruhiger, äußerst muskulöser Mann. Sie sprach zögernd über ihre Ehe. Er blieb ruhig, schrie dann aber plötzlich auf: »Dir werd ich's geben. Dir werd ich's geben!« Er holte aus und schlug ihr heftig gegen den Mund, der daraufhin stark blutete. Ich sagte spontan: »Noch einen Schlag und ich schlage dich!«

Sie fuhr mit ihrer Erzählung noch zögernder fort. Ein paar Minuten später schlug er ihr wieder ins Gesicht und ich verpaßte ihm beinahe gleichzeitig einen Schlag auf die rechte

20

Schulter. Er starrte mich verblüfft an. Normalerweise gehen Sozialarbeiter nicht herum und schlagen andere Leute. Wir sprachen dann noch stundenlang bis mitten in die Nacht miteinander. Es kam zu keinen Gewalttätigkeiten mehr.

Am nächsten Morgen schwirrten mir alle möglichen Überlegungen im Kopf herum. »Ich bin ein pazifistischer Quäker. Es verstößt vollkommen gegen meine Prinzipien und meinen Beruf, Klienten zu schlagen. Was tue ich, wenn er mich wegen tätlichen Angriffs belangt?« Zu dem betreffenden Zeitpunkt selber aber verfolgte ich weder einen bestimmten Plan noch handelte ich mit Überlegung, es kam einfach so aus mir heraus. Ich hatte also am Morgen danach einen ideologischen Kater, das Gefühl, ich wäre in willkürliche menschliche und professionelle Standards zurückgefallen.

Der stärkste Eindruck von Zen vermittelt sich uns in den Tausenden von Geschichten, von denen uns viele irgendwie aufregen. Zu meinen Lieblingsgeschichten zählen die über den Zen-Meister Bankei, der im 17. Jahrhundert in Japan lebte:

Als Bankei im Ryumon-Tempel predigte, war ein Shinshu-Priester, der an die Erlösung durch die Wiederholung des Namens des Buddha der Liebe glaubte, eifersüchtig auf Bankeis große Zuhörerschaft und wollte mit ihm debattieren.
Bankei war mitten in einer Rede, als der Priester erschien, aber der Mann verursachte eine solche Störung, daß Bankei seine Ausführungen unterbrach und nach dem Grund des Lärms fragte.
»Der Gründer unserer Sekte«, prahlte der Priester, »hatte so wunderbare Kräfte, daß er einen Pinsel auf der einen Seite des Flusses in der Hand hielt und sein Diener auf der anderen Seite ein Papier, und der Lehrer schrieb den ganzen Namen Amidas durch die Luft. Kannst du etwas so Wunderbares tun?«
Bankei erwiderte milde: »Vielleicht kann dein Schlaukopf diesen Trick zeigen, aber das ist nicht die Art des Zen. Mein Wunder besteht darin, daß ich esse, wenn ich hungrig bin, und trinke, wenn ich durstig bin.«[12]

Bankei ging nicht in die Falle, die der Priester sorgfältig gelegt hatte. Er lehnte es ab, sich mit dieser Art von Wunder zu messen. Statt dessen stellte er die Herausforderung des Alltäglichen, der reinen Gewöhnlichkeit des Lebens, in dem es ohnehin schon genug Wunder für jeden Menschen gibt.

Es ist gar nicht schwer, das Übernatürliche und das Wunderbare in Dingen und Leuten zu sehen, die wir als wichtig betrachten – in einem Ballett, einer Symphonie oder einer Liebesaffäre. Es ist aber sehr schwer, etwas Besonderes im Alltäglichen zu erkennen – im Waschen oder in der Gartenarbeit. Können wir diejenigen Dinge akzeptieren und schätzen, die wir als klein und unbedeutend abgetan haben? Können wir uns mit ganzer Aufmerksamkeit waschen? »Die Mystik verwendet das Gegenständliche, das Endliche, als ein Fernrohr, um damit in das Unendliche zu schauen. Zen schaut auf das Fernrohr.«[13]

Wenn wir nach dem Außergewöhnlichen suchen, sind wir mit Sicherheit verloren. Wenn wir nach geistigen oder körperlichen Kräften suchen, nach besonderer Geduld oder Güte, die uns über die Stufe normaler Sterblicher erhebt, so kann dies nicht Zen sein. Inayat Khan erzählt eine Hindu-Geschichte:

Ein Fisch ging zur Königin der Fische und fragte: »Ich habe immer vom Meer gehört, aber was ist das, dieses Meer? Wo ist es?«
Die Königin der Fische erklärte: »Du lebst, bewegst dich und hast dein Sein im Meer. Das Meer ist in dir und außerhalb deiner, du bist aus Meer gemacht, und du wirst im Meere enden. Das Meer umgibt dich als dein eigenes Wesen.«[14]

Zen ist nicht von mir oder dir getrennt. Es ist sowohl innen als auch außen. Ich bin daraus gemacht. Es fließt durch meine Haut sowohl in die Außenwelt als auch in das tiefste Innere meines Herzens.

Es gibt kurze Augenblicke, in denen ich mir dessen bewußt werde. Dann verliert sich dieses Gefühl des Schmerzes, des Bruchstückhaften, des Unvollständigen, des drängenden Suchens nach etwas außerhalb von mir, das meinem Dasein Sinn geben könnte. Wenn ich mir dieses Prozesses bewußt werde, ist diese Erfahrung auch schon zu Ende. Ich kann dann nachdenken über dieses Mitschwingen in einem Rhythmus, der mich ganz und gar selbstvergessen gemacht hatte. All die normalerweise auseinanderstrebenden Elemente, die Stimmen, die verschiedene Sehnsüchte ausdrückten, hatten sich in einer großen Harmonie zusammengefunden, die nichts Besonderes war.

Einmal – in den frühen Stunden eines Sonntagvormittags im Winter – wurde ich zu einem Wohnblock gerufen. Nachbarn hatten das ständige Schreien eines kleines Kindes gehört und daraufhin die Polizei alarmiert. Diese konnte sich keinen Zugang in die Wohnung, aus der die Schreie kamen, verschaffen und rief dann mich an. Eine Mutter hatte ihr geistig sehr schwer behindertes Kind geschlagen. Alle Frustrationen über einen abwesenden Ehemann und die Anspannung, verursacht durch ein Kind, das nicht in der gewohnten Weise auf die mütterliche Pflege reagiert, hatten sie ihre Beherrschung verlieren lassen.

Zu Anfang ließ sie mich nicht in ihre Wohnung. Wir sprachen miteinander durch die fest verriegelte Vordertür. Sie war entsetzt über ihre eigenen destruktiven Gefühle, das blutig geschlagene und verletzte Kind und auch die Vorstellung von der Behörde, die ich vertrat. Ich spürte ihre Not und wurde mir auch der extremen Grenzen der Rolle bewußt, die ich gewöhnlich im Auftrag der lokalen Behörde spielte. In jenem Augenblick schien ich die schlimmsten Elemente einer selbstgerechten Gemeinde zu vertreten, ich kam mir wie ein Pharisäer unter den Pharisäern vor.

Als ich endlich in die Wohnung gekommen war, sprachen wir erst eine kurze Zeit zögernd miteinander, dann umarmten wir uns gegenseitig und fielen auf den Fußboden. Jeder weinte sich mehr als eine halbe Stunde lang in den Armen des anderen aus. Wir begegneten einander unmittelbar, ohne dazwischenliegende Rollen und menschliche Spielchen. Diese waren unnötig. Nach dem Weinen sprachen wir miteinander bis lange in die Nacht hinein. Unsere Worte wurden von Tränen und von Lachen unterbrochen. Ich war dieser Mutter sehr dankbar. Sie half mir, menschlicher zu sein.

Die Zen-Meister benutzten verschiedene Methoden, um ihre Schüler bei der Suche nach der Erleuchtung anzuspornen. Sie mußten sich mit zwei Dilemmas auseinandersetzen: der Suche nach einem Zaubertrank und dem Anwachsen des Ich, wozu unechte Spiritualität führen könnte. Eine der wichtigsten benutzten Methoden war das Koan (wörtlich übersetzt: öffentliches Dokument). Es handelt sich dabei um beharrlich gestellte Fragen, über die die Schüler meditieren sollten und die das Ich sprengen sollten. Typische Fragen waren etwa: »Hat ein Hund die Buddha-Natur?« – »Kannst du das Geräusch einer klatschenden Hand hören?«

Die Schüler mußten sich in ihren täglichen Meditationsübungen auf das scheinbare Paradox der Koans konzentrieren. Sie mußten zu jedem Zeitpunkt ihres Alltags mit ihren Koans essen, trinken und schlafen. Einmal in der Woche gingen sie zum Meister zurück und beschrieben ihm, welche Fortschritte sie in ihren Übungen gemacht hatten.

Diese Koans sind Türklopfer, um fest verschlossene Türen zu öffnen. Sie haben Generationen von Schülern zu einem Bewußtsein der engen Grenzen der Sprache und der Begriffsbildung verholfen. Zen hegt keinen Groll gegen die Verwendung und die Entwicklung des Intellekts. Es ist Pflicht des Menschen, von jedem Talent, das er besitzt, vollständigen Gebrauch zu machen. Einige Dinge aber liegen jenseits des intellektuellen Fassungsvermögens und können nur durch Gedankensprünge und Gedankenblitze des intuitiven Denkens und Verständnisses begriffen werden. Es ist ein gewaltiger Unterschied, ob man um etwas weiß oder ob man es wirklich weiß.

Die Symbole, die wir in unserer Sprache benutzen, können zu einer Barriere werden, wenn sie mit dem verwechselt werden, was sich tatsächlich dort draußen und hier drinnen befindet. Das Leben ist unendlich komplexer und schöner als wir es mit irgendeinem unserer Worte oder Sätze beschreiben können. Wir können Kräfte, die sich in verschiedene Richtungen bewegen, nur mit Mühe sprachlich erfassen. Welche Worte benutzen wir, wenn Dinge weder richtig noch falsch, weder schwarz noch weiß, sondern beides sind?

Worte sind ein reichlich unbeholfenes Mittel, um das Wesentliche des Lebens festzuhalten, das ständig seine Form ändert, immer in Bewegung ist. Mit Worten versuchen wir, das Undefinierbare zu definieren. Wir gleichen dabei einem Rundfunkreporter, der ein Fußballspiel beschreibt, das sich zum Zeitpunkt der Beschreibung bereits wieder verändert hat. Ein Paradox ergibt sich, wenn wir an die Grenzen der Konstruktionsmöglichkeiten eines grammatikalischen Satzes gestoßen sind, wenn wir nämlich mehrere widersprüchliche Prozesse zugleich beschreiben wollen. Die Zen-Meister waren viel zu praktisch, viel zu sehr in der Erde verwurzelt, als daß sie sich in diesen verschlungenen Netzen verfangen hätten.

Ein Mönch fragte Ma-tsu: »Was dachte sich Bodhi-Dharma, als er aus dem Westen hierher kam?« Ma-tsu fragte den Mönch: »Was denkst du dir in diesem Augenblick?«[15]

Diese Koans und Erzählungen sind vergleichbar mit Stahlmeißeln, die sich in den Panzer bohren, mit dem wir uns umgeben. Wir errichten um uns elektrische Zäune, mit denen wir uns rigoros von dem uns Umgebenden trennen wollen. Die Koans durchschneiden den Draht, so daß es uns möglich ist, mehr mit unserer Umwelt zu verschmelzen. Ist der Zaun vollständig durchschnitten, dann erleben wir das Satori: wir wissen, wer wir sind. Wir wissen dann nicht etwas über das Leben, sondern wir nehmen es unmittelbar wahr. Wir stehen mit dem Leben in direkter Verbindung, wir erwachen.

Dieses Erwachen bedeutet, daß wir die Leute so sehen, wie sie wirklich sind. Wir sehen sie mit den Augen der Liebe und ohne das ständige Bekritteln und Kritisieren, das so sehr zu meiner Art gehört, die anderen zu erleben. Häufig kann ich kaum hören, was ein anderer sagt, weil ein störendes »Rauschen« in mir seine Worte überdeckt – ein Rauschen, das davon herrührt, daß ich ein Urteil über ihn fälle. Ich bin für mich zu der Fest-Stellung gelangt, daß er zu groß, zu dünn, zu aggressiv oder zu deprimiert ist. Dann versuche ich, ihn zu manipulieren, ihn mehr dahin zu ändern, wie ich ihn mir innerlich wünsche.

Es ist nur wenige Male vorgekommen, daß sich meine Augen geöffnet haben, dann aber gewöhnlich nur vorübergehend. Dann habe ich einen Freund wahrgenommen, als wäre es das erste Mal. Jahrelang waren meine Augen ihm gegenüber fest verschlossen. Ich hatte mich in seiner Gegenwart befunden und wußte ungefähr, wo ich ihn einzuordnen hatte, doch solange meine Bedürfnisse wie durch einen automatischen Euter gestillt wurden, brauchte ich nicht weiter hinzuschauen. Plötzlich war es anders. Aus dem Euter kam keine Milch mehr. Ich schwebte in der Luft, mein Wohlbefinden war erheblich angekratzt.

Ich mußte nachschauen, was mein Unbehagen ausgelöst hatte. Das ganze zwischen uns eingespielte Verhältnis hatte sich geändert, ein Sturm von Gefühlen erfaßte mich und rüttelte an der Schale, mit der ich mich umgab. Ich konnte jetzt den ganzen Menschen vollständig anders sehen. Ich erkannte nicht nur die Wärme, die er ausströmte, sondern auch seine Gefühle der Verzweiflung und Einsamkeit. Alle meine bisherigen Annahmen über ihn wurden gegenstandslos.

Einen Augenblick lang wurde ich mir dann über ein ganzes System von Urteilen klar. So erfüllt war ich von dem Wunder, einen alten Freund zu sehen – und nur ihn, daß ich gar nicht erst zum Nachdenken darüber kam, ob dies »gut oder schlecht« sei ... Das »Ich« verschwindet und mit ihm die Werturteile. Die Dinge sind einfach so, wie sie sind. Die Teile des uns umgebenden Universums werden nicht mehr mit der Farbe »Rot« – für das, was uns in Wut bringt – und mit der Farbe »Grün« – für das, was wir unter allen Umständen haben wollen – übertüncht. In diesem flüchtigen Augenblick verschwindet sogar der Wunsch, besser zu sein, fühlen wir nicht das sehnsüchtige Streben nach mehr von allem.

Das Wort »Zen« dient dazu, eine bestimmte Schule des Buddhismus zu beschreiben. Für mich aber hat Zen eine viel weitere Bedeutung. Es gärt überall, wie Hefe. Es ist ein freudiges Bilderstürmen, das niemand und nichts respektiert, insbesondere sich selber nicht.

Zen lehren heißt das Gelernte vergessen machen, das Leben stetig als ein Ganzes sehen und die Antwort nicht von der Frage trennen. Es heißt nicht, mit Worten zu streiten, sie hin und her zu wenden, zu widersprechen, Worte zu erklären oder zu ändern. Es ist eine Aktivität, die in physischer und geistiger Einheit mit der großen Aktivität des Alls steht.[16]

Es beschreibt eine einfache und doch so bedeutsame Harmonie, die allen Dingen zugrundeliegt. Diese Harmonie ist aber nicht ein ausschließliches Merkmal der buddhistischen Lehre, die auch keinerlei Monopolansprüche in dieser Hinsicht stellt. Dieses Fließen und Brodeln wird an vielen Stellen des philosophischen und religiösen Schrifttums erwähnt. Es findet sich in den Werken von Tschuang-tse, dem chinesischen Philosophen, von Meister Eckhardt, dem christlichen Theologen aus Deutschland, von Krishnamurti und im Neuen Testament.[17, 18, 19, 20]

Ich trinke aus diesem Strom bereitwilligst mit den Worten der Eremiten und Einsiedler, die im 3. Jahrhundert n. Chr. in der Wüste Sketis lebten. Diese christlichen Kirchenväter sprachen Worte nicht nur aus, sondern atmeten und lebten sie mit voller Intensität. Die einfachen Geschichten über sie enthalten ihr Sein und ihren Glauben in aller Vollständigkeit. Vielleicht führen sehr unterschiedliche Formen eines ehrlichen Glaubens, schlichtes Bemühen, nach einem solchen Glauben zu leben und große Selbstdisziplin letztlich zu sehr ähnlichen Erkenntnissen und innerlichen Einstellungen.

Ein Bruder ging zu Abt Moses in Skete und bat ihn um ein gutes Wort (einen Ratschlag). Der Ältere sagte zu ihm: »Geh zurück, setze dich in deine Zelle, und deine Zelle wird dich alles lehren.«[21]

Ein Philosoph fragte den Hl. Antonius: »Vater, wie kannst du nur so glücklich sein, wenn dir der Trost durch Bücher verwehrt ist?« Der Hl. Antonius erwiderte: »Mein Buch, O Philosoph, ist die Natur der geschaffenen Dinge, und jedes Mal, wenn ich die Worte Gottes lesen möchte, habe ich das Buch vor mir.«[22]

Daisetz Suzuki beschrieb Zen in der folgenden Weise:

Zen ist das letzte Faktum jeder Philosophie und Religion. Jedes intellektuelle Bemühen muß in Zen gipfeln oder vielmehr von Zen ausgehen, wenn es irgendwelche Früchte im praktischen Leben tragen soll. Jeder religiöse Glaube muß aus dem Zen entspringen, wenn er sich überhaupt in unserem aktiven Dasein als wirksam erweisen und lebendig angewendet werden soll. Zen ist deshalb nicht notwendigerweise der Quell ausschließlich buddhistischen Denkens und Lebens. Zen ist auch im Christentum, im Mohammedanismus, im Taoismus und sogar im positivistischen Konfuzianismus lebhaft gegenwärtig. Was all diesen Religionen Vitalität und Inspiration verleiht, ihre Nützlichkeit und Effizienz aufrechterhält, ist rückführbar auf das in ihnen, was ich das Zen-Element nennen möchte... Eine Religion benötigt etwas, was innerlich vorwärts treibt, Energien freisetzt und sich in Werken niederschlagen kann...
Zen leistet all dies, indem es einen neuen Blickwinkel vermittelt, eine neue Würdigung der Wahrheit und Schönheit des Lebens und der Welt. Zen entdeckt in den geheimsten Winkeln unseres Bewußtseins eine neue Energiequelle, es schenkt uns das Gefühl, daß wir alles besitzen und nicht noch mehr brauchen.[23]

Suzukis Zen ist aber nicht Beat-Zen. Es ist nicht einfach eine Ausrede dafür, sich ganz und gar von verschiedenen wahllosen physischen und psychischen Bedürfnissen treiben zu lassen. Es bedeutet nicht, eine laissez-faire-Haltung gegenüber dem Leben einzunehmen. Es heißt vielmehr, ständig in tiefgehender und disziplinierter Weise gegenwärtig wahrgenommene Realitäten und Werte in Frage zu stellen. Es ist weit davon entfernt, passiv und quietistisch zu sein. Es nimmt grobe Ungerechtigkeiten nicht einfach hin und tut nichts dagegen. Zen ist diesseitig, nicht jenseitig.
Folgt man dem Weg des Zen, so übt man strenge Selbstdisziplin und strebt danach, mehr Verantwortung gegenüber anderen zu übernehmen und Liebe auszuströmen. Dieser Weg beinhaltet, das Menschliche voll anzunehmen, nicht es zu leugnen. An seinem Ende ist ein selbstloses Mitgefühl, eine echte Liebe sowohl für den einzelnen Menschen als auch für die Menschheit als Ganzes, eine Liebe für den Menschen nicht in einer abstrakten Verkleidung, sondern in seiner ganz

konkreten Form als Obdachloser, Waiser, Einsamer und Kranker.

Am meisten kommt es dabei auf die Liebe an. Aber nicht die Liebe, die sich in guten Werken oder gar in reflektierender, ernster politischer Aktivität ausdrückt. Eine solche Liebe kann auch nur der Aufblähung und Ausweitung des Ich dienen. Die Liebe, die ich meine, entströmt dem Sein und nicht dem Werden. Gleichermaßen liegt ihr am Unterdrückten wie am Unterdrücker. Sie kennt keine bösen Absichten oder Hintergedanken. Zen ist eine Disziplin der Liebe, es weiß nicht, woher es kommt, und will nicht wissen, wohin es geht. Zen heißt, immer mit leichtem Gepäck zu reisen.

3 Hilfe als Behinderung

Danke, Meister, daß du mich nichts gelehrt hast
(Eine alte Zen-Geschichte).

Im Zen gibt es seit jeher kein Evangelium. Anders als
bestimmte christliche Sekten hat es selten versucht, die Leute
von den eigenen Vorzügen im Verhältnis zu anderen religiösen
Schulen zu überzeugen, Die Menschen sind größtenteils
freiwillig zum Zen gekommen und mit dem Beweggrund, zu
lernen und mehr über sich selber zu erfahren.

Ein großer Teil professioneller Hilfeleistung – insbesondere die
Bewährungshilfe, die Sozialarbeit und die psychiatrische Medizin – gilt Menschen, die sich ihr nicht entziehen können. Sie gilt
solchen, die der allgemeinen Ansicht nach allgemeingültige
soziale Werte bedrohen und die sich eigentlich (und häufig
auch mit Recht) sehr dagegen wehren, daß sie als »hilfsbedürftig« hingestellt werden. Diese Klienten können eine solche
Hilfe als »störend« oder als »Kontrolle« empfinden. Jede
Gesellschaft versucht, mit der kleinen Minderheit fertig zu
werden, die als Gefahr für das Leben anderer gesehen wird,
sowie auch mit dem weitaus größeren Teil derjenigen, die
offensichtlich durch ihre Straftaten oder ihre Verrücktheit
etablierte soziale Werte und Privilegien untergraben.

Bis vor kurzem wurden die helfenden Berufe in einer erschrek-
kend optimistischen Weise dargestellt. Das Schwergewicht in
der Ausbildung ruhte ganz und gar auf der Maximierung des
Hilfspotentials im angehenden Helfer. Es wurde viel darüber
gesprochen, wie der Empfänger der Hilfe diesen konstruktiven
Prozeß behindern könnte. Man sagte, er könnte versuchen,
seinen Helfer zu manipulieren. Man sprach aber nicht darüber,
wie Helfer ihre Klienten manipulieren könnten.

In den letzten Jahren nahm die Zahl derjeniger erheblich zu, die der Meinung waren, daß gerade die Sozialarbeit irrelevant sei. Sie hätte keine Auswirkung auf das alltägliche Leben der Armen und Behinderten. Sie könnte sogar Schaden anrichten, indem sie den Anschein vermittelt, daß sie etwas in einer Art »public relations«-Übung erreicht. Dieses Empfinden der Irrelevanz schlägt nun offenbar in Aggressivität um. Radikale Sozialarbeiter sehen ihren Beruf häufig als einen Teil des Problems statt als dessen Lösung. Sie betrachten ihn nicht mehr als hilfreich. Sie sind von der Ansicht abgekommen, daß sie mit ihrem Beruf Schlimmeres verhindern, und meinen fest, daß umgekehrt ihr Beruf zu einem Hindernis für wirkliche soziale Veränderungen wird.

Die britische Zeitschrift *Case Con* für revolutionäre Sozialarbeiter argumentiert, ein großer Teil konventioneller Sozialarbeitspraxis fördere destruktive soziale Prozesse, durch die mit Erfolg die arbeitenden Klassen ausgebeutet werden. Die Sozialarbeit füge sich in die Reihe einiger anderer größtenteils kosmetischer Methoden ein, durch die grobe Ungleichheiten überdeckt würden. Die professionellen Helfer würden mit den Armen und Behinderten »fertig« werden und so das drängende Bedürfnis nach umfassenden sozialen Veränderungen abschwächen.

Die Vertreter helfender Berufe treten möglicherweise jetzt in eine Phase heftigen Selbstzweifels ein, der ihnen die übliche Arroganz nehmen kann. Können wir uns dessen sicher sein, daß wir überhaupt jemandem – einschließlich uns selber – helfen? Gibt es so etwas wie den Prozeß des Helfens? Können wir uns darum bemühen, nicht in dem Maße zu behindern, wie es gerade professionelle Helfer zu tun scheinen?

Wir haben uns schon alle in unserem Leben durch jemanden behindert gefühlt, obwohl es äußerst schwierig ist, eine solche Behinderung genau zu definieren. Häufig hängt es mit dem Zeitpunkt zusammen. Jemand schmettert mich mit einer – häufig unerwünschten – Einsicht nieder, die sich erst einige Monate später als von dauerhaftem Wert erweist. Eine

Kollegin sagte zu mir vor einigen Jahren im Zorn: »Deine Zuneigung ist so künstlich.« Daraufhin wurde ich wochenlang so von Zweifeln geplagt, daß ich kaum in der Lage war, mit Vertrauen zu jemandem eine Beziehung herzustellen oder ihn zu berühren. Heute bin ich froh, daß sie es gesagt hat.

Bemerkungen wie diese stören empfindlich das Selbstbild, das wir sorgfältig vor anderen und uns selber aufrechtzuerhalten versuchen, und lassen sich nur sehr schwer verarbeiten. Einer der wichtigsten Aspekte der geistigen Gesundheit – ein Begriff, der sich Definitionsversuchen weitgehend entzieht – liegt in der Fähigkeit, Blumen mit Dünger zum Wachsen zu bringen. Ich meine damit die.Fähigkeit, Angriffe auf die eigene Person, den Zorn und die Verzweiflung anderer sowie die eigene, hinzunehmen und sie für die eigene Stärke und Stabilität nutzbar zu machen.

Wenn wir uns behindert fühlen, fühlen wir uns persönlich verletzt. Unsere Würde, unser Selbstwertgefühl, ist – ohne daß wir etwas dagegen tun konnten – beeinträchtigt worden. Manchmal können wir durch jemanden, der über mehr Macht und Wissen zu verfügen scheint, von einem für uns persönlich richtigen Weg abgebracht werden oder von ihm in unbarmherziger Weise manipuliert oder ausgebeutet werden. Er hinterläßt in uns das Gefühl, ungeliebt und ungewollt zu sein.

Manchmal hat diese Person die Absicht, uns weh zu tun, etwa im Fall körperlicher Brutalität oder eines bösartigen persönlichen Angriffs. Manchmal fühlen wir uns verletzt, weil der andere gedankenlos war – es wäre ihm nie in den Sinn gekommen, daß seine Worte so destruktiv wirken könnten. Dies kann ein Symptom für ein sehr raffiniertes soziales Spiel sein, in dem der andere den Wunsch hat, uns zu verletzen, sich gleichzeitig aber weigert, die Verantwortung dafür auf sich zu nehmen. Manchmal kann eine solche Behinderung auch die Folge fehlgeleiteter Liebe sein, etwa im Fall des »Jüdische Mutter«-Syndroms, bei dem die Weigerung, die Autonomie des anderen zu akzeptieren, mit einem Gemisch aus Kontrolle, Fürsorglichkeit und Machtausübung verschleiert wird.

Der erste Tutor in meiner Sozialarbeiterausbildung gab mir den Rat, nie etwas für mich zu tun, was auf Kosten meiner Klienten ginge. Ein wichtiger Aspekt echter Zuwendung ist auch wohl die ständige Bereitschaft, das Eigeninteresse den Bedürfnissen des Klienten hintanzustellen. Wir sind um *seine* größere Selbständigkeit bemüht, nicht um die Befriedigung unserer persönlichen Machtgelüste. Dem sind aber zumindest zwei Grenzen gesetzt. Das Helfen ist kein sozialisierter Masochismus und der Helfende hat ebenfalls das Recht, durch sein Helfen Befriedigung, Freude und Liebe zu gewinnen. Manche Menschen und Gruppen, etwa die geistig und die körperlich schwer Behinderten, können nie zu voller Selbständigkeit gelangen.

Manche Menschen haben vielleicht gar nicht den Wunsch, den Weg zu größerer Selbständigkeit zu gehen. Sie können nach Hilfeleistungen verlangen, die unserer Ansicht nach sowohl sie als auch uns behindern. Ein Klient bat mich einmal, ihm dabei zu helfen, Selbstmord zu begehen, weil er sehr litt und körperlich schwer behindert war. Solche Konflikte des Interesses und der Ethik erfordern eine sorgfältige Betrachtung. Ich weigerte mich, diesem Klienten zu »helfen«. Rührte meine Inaktivität von Mitgefühl her oder von einer engeren Vorstellung davon, »wie er sein könnte«. Wenn nach sorgfältiger Überlegung der Konflikt bestehen bleibt – wie es in diesem Fall zu sein schien –, dann können wir dem Klienten offen sagen, daß wir uns in einem echten Konflikt befinden, und uns – wenn er es wünscht – zurückziehen.

Die Auffassung, alle Berufe seien Verschwörungen gegen die breite Öffentlichkeit wie auch gegen jene, die die professionellen Dienste in Anspruch nehmen, hat neben anderen Bernard Shaw[1] vertreten. »Diejenigen, die Dienstleistungen zu erbringen versuchen, werden oft von etablierten Mitgliedern der jeweiligen Berufsgruppe – etwa von Ärzten, Lehrern und Sozialarbeitern – daran gehindert, weil hinter jeder beruflichen Organisation die Prinzipien stehen: a) die Zahl der Mitglieder möglichst niedrig zu halten, und b) ein Minimum an Dienstleistung zu einem Maximum an Kosten zu erbringen.«[2] Dies ist in wesentlicher Hinsicht zutreffend. Wohin man auch sieht, scheinen die Vertreter der Berufe in erster Linie von eigennützigen Interessen geleitet zu werden, die sie auch noch geschickt mit dem »öffentlichen Interesse« kaschieren können. Die Entwicklung eines gesunden sozialen Berufs – etwa des Arztes, des Sozialarbeiters, der Krankenschwester oder des Lehrers – wird so dargestellt, als ob sie ganz und gar mit der Entwicklung einer gesunden Gesellschaft Hand in Hand ginge. Ich möchte dies aber sehr bezweifeln.

In der Praxis ist der professionelle Helfer täglich in mehrerlei Hinsicht gespalten. Er versucht, die Sicherheit in seinem Beruf zu erhöhen. Er bemüht sich um einen festen Parkplatz, um die Vergrößerung seines Arbeitszimmers und um die Erhöhung seines Lohns, während er gleichzeitig in seinem Beruf Menschen zur Verfügung steht, die unter Umständen immer mehr ein Nachlassen seines beruflichen Engagements zu spüren bekommen. Täglich wandelt er auf einem Drahtseil zwischen einem ständigen Erguß von Emotionen und Gefühllosigkeit. Er muß weiterhin seine Klienten als Menschen sehen und mit den täglichen Katastrophen des von ihm gewählten Berufs fertig werden – mit den Selbstmordversuchen, den Kindesmißhandlungen und den Depressionen. All diese Ereignisse wühlen seine Emotionen heftig auf, aber wenn er sich zu sehr von ihnen mitreißen läßt, gelingt es ihm unter Umständen nicht, die Not seiner Klienten zu lindern.

Er kann auch noch andere Widersprüchlichkeiten empfinden. Er arbeitet in einer lokalen Behörde, die den Dienst am Klienten besonders hervorhebt, deren Vorgesetzte aber eigentlich sehr wenig Kontakt mit der breiten Öffentlichkeit haben. Ist er als Sozialarbeiter, als Krankenpfleger oder als Arzt tätig, soll er in seinem Beruf den höchsten Grad an Mitgefühl verkörpern. Gleichzeitig aber besteht ein wesentlicher Teil seiner Aufgabe darin, denjenigen, die verschiedene Dienstleistungen verlangen, klar zu machen, daß er nur über beschränkte Hilfsmöglichkeiten verfügt. »Ich möchte Ihnen wirklich gerne helfen... Nein, Sie können dieses oder jenes nicht haben...«

Der größte Widerspruch aber betrifft den ständigen und verwirrenden Wechsel zwischen dem makrokosmischen und dem mikrokosmischen Blickwinkel. Die helfende Person wird mit leidenden Menschen konfrontiert, die lebende Symptome für große soziale Ungerechtigkeiten sind. Sie leiden unter Obdachlosigkeit, mangelhafter medizinischer Versorgung und unzureichender Ernährung sowie unter zu niedrigen Einkommen. Hilft man ihnen direkt, so kann man die Entwicklung einer konstruktiven Konfrontation und mögliche umfassende Veränderungen verhindern. Hilft man ihnen nicht, so wendet man sich vom Mitgefühl und von dem Bemühen ab, die Not einzelner Menschen zu lindern.

Wer im sozialen Feld arbeitet, kann nur das tun, wozu er in der Lage ist. Vertreter solcher Berufe empfinden diese Frustration und Ohnmacht häufig sehr stark. In unserer so unhygienischen Gesellschaft kann man aber leider (vielleicht aber auch Gott sei Dank) mit dem Helfen nicht – wie mit einem guten Toilettenreinigungsmittel – alle bekannten Keime töten. Wenn der Helfer ehrlich ist, wird er mit Tausenden von Situationen konfrontiert, in denen er nichts oder nur sehr wenig ausrichten kann.

Wenn wir versuchen, für alle Leute alles zu sein, können wir katastrophalen Schiffbruch erleiden. Wir sind nur Menschen. In einem vor kurzem erschienenen Buch wird gerade auf diesen Punkt im Zusammenhang mit der Sozialarbeit Bezug genommen.

Sozialarbeit ist zu einem ungeliebten Beruf geworden – ungeliebt von ihren Klienten, denen sie nicht mehr dient, ungeliebt vom System, weil sie es nicht mehr ausreichend unterstützte, ungeliebt von den Angehörigen anderer sozialer Berufe, deren Respekt sie verloren hat, und schließlich – weil sie ihren eigenen Verpflichtungen nicht nachgekommen ist – ungeliebt selbst von denen, die sie ausüben.[3]

Manchmal gilt der Überlebenskampf nicht dem Beruf, sondern schlicht dem Klienten und dem Helfer. Beide fühlen sich zunehmend von den Ereignissen überfahren. Zu der Frage, wie man mit den seelischen Nöten und den Aggressionen von Klienten fertig wird, bekennt ein Helfer: »Wenn ich auf diese Weise angegriffen werde, bin ich versucht zurückzuschlagen, normalerweise indem ich mich bemühe, die ganze Bösartigkeit, Destruktivität und Zerrissenheit, die der Klient anscheinend auf mir abzuladen versucht, ihm wieder hineinzustopfen.«[4] Diesen starken Drang nach Vergeltung habe ich auch verspürt.

Vor einigen Jahren hatte ich einen halbwüchsigen Klienten, Billy, der mich gewaltig auf die Palme brachte. So bat er wiederholt um ein Treffen mit mir und kam dann einfach nicht. Er schaffte es offenbar, den größten Teil der Kleinstadt, in der er lebte – seine Eltern, die Sozialarbeiter und die Ärzte –, mit seinem beispiellosen Verhalten in Harnisch zu bringen. Er beschmierte die Grabsteine auf dem Friedhof, warf Kirchenfenster ein und sprach Hausfrauen in obszöner Weise an. Ich erinnere mich, wie ich wütend zu ihm sagte: »Dein wirkliches Problem ist, daß du ein Psychopath bist!« Das sorgte insbesondere bei seiner Familie für große Aufregung. Sie verbrachte die nächsten Wochen damit, in verschiedenen Bibliotheken psychiatrische Lehrbücher nachzuforschen, und war nicht sonderlich erbaut von dem, was sie dabei herausfand.

Aus rein psychiatrischer Sicht hatte ich vermutlich eine vollkommen richtige Diagnose getroffen. Menschlich gesehen aber hatte ich meine eigene persönliche Position benutzt, um Giftpfeile auf einen Patienten abzuschießen. Diese Worte enthielten nämlich nicht eine überlegte professionelle Diagnose, sondern eine Provokation, mit der ich meine Frustration abzureagieren versuchte. Ich wollte ihn verletzen. Ich wollte ihn spüren lassen, wie wütend ich geworden war. Ich stellte meine eigenen Bedürfnisse voran.

Eines Tages sagte mir Billy, daß er eine Fahrt mit seinem Motorrad unternehmen wolle. Er besaß aber weder einen Führerschein noch ein zugelassenes Fahrzeug. In der Gegend, wo er lebte, galt eine Geschwindigkeitsbeschränkung von 50 km pro Stunde, und außerdem wohnten dort mehrere Polizisten. Er wollte die große Maschine »voll ausfahren«. Ich gab ihm den Rat, es nicht zu tun. Billy schrie: »Sie können mich durch nichts daran hindern!« Da nahm ich seine Zündschlüssel und schmiß sie in einen nahegelegenen Kanal. Ich bin noch heute davon überzeugt, daß ich richtig handelte, obwohl diese Handlungsweise in keinem der einschlägigen Lehrbücher aufgeführt sein dürfte. Billy machte die Erfahrung, daß es mir nicht gleichgültig war, was er tat und welche Folgen für seine Familie daraus entstehen könnten. Er machte auch die Erfahrung, daß ich als einzelner Mensch über eine gewisse Macht verfügte. Dieses Mal hatte ich nicht versucht, ihn nur zu verletzen oder irgend jemanden zu beeindrucken.

Rosie war wohl der schwierigste Fall in der Greek Street – dem Gemeindezentrum für obdachlose Frauen, in dem ich arbeite-te.[5] Ihre Diagnose lautete auf akute Psychose. Wir Angehörige des Personals hielten in einem Kellerraum ein Gruppentreffen ab, in dem wir über unsere persönlichen Probleme sprachen. Dieses Treffen störte sie ständig, indem sie schrie und gegen die Tür schlug. Als wir uns später voneinander trennten, griff sie einige Gruppenmitglieder mit einem großen Besen an. Ich war sehr aggressiv zu ihr und gleichzeitig bestrebt, Besucher damit zu beeindrucken, wie wir mit »schwierigen Fällen« fertig wurden. Ich setzte sie vor die Tür, wodurch sie noch frustrierter und wütender wurde. Sie schlug mit Händen und Füßen auf die große Haupteingangstür ein.

Nachdem ich die Tür zum Gemeindezentrum verschlossen hatte, wurde mir klar, daß ich sie nicht einfach draußen herumirren lassen konnte. Womöglich würde sie noch zufällig vorbeikommende Leute attackieren. Ich ging also zurück auf die Straße. Sie stürzte sich mit aller Macht auf mich. Ich zwang sie hinunter auf den Bürgersteig und drückte die um sich Tretende und sich Windende solange gegen den Boden, bis jemand die Polizei rief. Eine große Menschenmenge hatte sich angesammelt und ich hörte, wie einige Männer murrten, man solle mir den Schädel einschlagen. Sie nahmen wohl an, daß ich mich sexuell an ihr vergreifen wollte.

Einige Monate später hatten wir in der Greek Street ebenfalls einen entsetzlichen Tag. Jede schien sich entweder mit Pillen vollzustopfen oder betrunken herumzuschreien und herumzuschlagen. Insbesondere Mary machte uns schwer zu schaffen. Sie verlangte nach mehr als der ihr zugestandenen Dosis Heroin. Alle paar Minuten klammerte sie sich an mich. Ich stieß sie aber von mir und schrie: »Nein.«

Schließlich begann sie, Überdosen von Heroin zu nehmen, und drohte mit Selbstmord, wenn ich ihr nicht noch mehr Drogen gab. Meine Antwort war immer noch: »Nein.« Innerhalb von vier Stunden an diesem hektischen Nachmittag fand ich sie fünfmal dem Tod nahe. Ihr kleiner, zusammengekrümmter Körper war von einer bemerkenswerten Beweglichkeit. Sie schlitzte sich unterhalb der Handgelenke die Pulsadern auf – wenn auch nicht sonderlich erfolgreich. Sie warf sich eine Steintreppe hinunter, wodurch sie sich Quetschungen und blutige Schrammen am ganzen Körper zuzog. Sie stopfte sich Barbiturate in die Kehle und mußte sich übergeben. Schließlich fand ich sie mit einem Strumpf, den sie fest um ihren Hals geschnürt hatte. Ihr verkrümmter Körper fühlte sich kalt an, das Gesicht war purpurrot. Ich bat jemanden, den Rettungsdienst anzurufen. Jedoch als die Sanitäter kamen, hatte sie sich bereits wieder erholt und beschimpfte mich mit den übelsten Wörtern. Nicht nur das: sie weigerte sich klipp und klar, das Gemeindezentrum zu verlassen. »Ich gehe nicht in dieses verdammte Krankenhaus...«

Ich schleppte ihren schwachen und geschundenen, aber heftig um sich schlagenden Körper fünf dunkle Stockwerke nach unten. »Du gehst in das Krankenhaus, Mary, das schwöre ich dir, wenn schon nicht um deinetwillen, dann wenigstens damit *ich* nicht durchdrehe.« Ich fühlte mich gut dabei. Ich hatte so lange durchgehalten, wie ich konnte, und hatte auch nicht das Gefühl, über sie zu triumphieren oder jemanden beeindrucken zu wollen. Ich konnte echte Wut und Frustration empfinden und gleichzeitig war mir doch an Mary gelegen. Drei Tage später war sie wieder bei uns.

Ivan Illich hat zu unserem Verständnis der Beziehungen zwischen Formen des Behinderns und dem medizinischen Beruf in hohem Maße beigetragen. Seine Analyse läßt bedeutsame Folgerungen für andere Arten des »Helfens« zu. Von ihm stammt der Begriff »iatrogene Krankheiten«, womit Krankheiten gemeint sind, die vom Arzt herrühren. So erleiden nach einer Berechnung des US Ministeriums für Gesundheit, Erziehung und Wohlfahrt 7 Prozent aller Patienten während eines Krankenhausaufenthalts kompensationsberechtigte Schädigungen, doch nur wenige machen Ansprüche geltend. Die durchschnittliche Häufigkeit bekannt werdender Unfälle in Krankenhäusern ist höher als in allen Industriezweigen mit Ausnahme des Bergbaus und des Baugewerbes.[6]

Ein Thema, das sogar von Illich vernachlässigt wird, ist die Frage, wie weit wir uns selber behindern. Gibt es Formen des Helfens, die unsere persönliche Entwicklung hemmen? Die Zuwendung zu Klienten kann ein sehr effektives Mittel sein, eine tief im Inneren empfundene Leere zu überdecken. Ich habe mich schon oft Ratschläge und Anleitungen geben, ja liebevolle Worte sagen hören, die ich zu mir selber nie hätte sagen können.

Das Helfen, das Sorgen für den anderen, kann sehr gut dazu verwendet werden, um eigene Bedürfnisse zu verbergen. Es kann das Bedürfnis verdecken, über andere Macht auszuüben, ja sie sogar zu bestrafen.[7] Wir können danach streben, uns selbst gegenüber der Unzulänglichkeit anderer als vollkommen zu fühlen. Während des größten Teils meiner beruflichen Laufbahn hatte ich ständig das Empfinden, ich wäre ein Schwindler, kam ich mir doch selber minderwertig vor, versuchte aber, meinen Klienten das Gegenteil mitzuteilen.

Nach Illich gibt es drei große Kategorien iatrogener Krankheiten, nämlich die klinische, die soziale und die kulturelle Iatrogenesis. Im Falle der klinischen Iatrogenesis schädigt der professionelle Helfer den Patienten, während er sich bemüht, ihn zu behandeln. Wir kennen – insbesondere in Krankenhäusern für geistig Behinderte – eine ganze Reihe von Beispielen, in denen Angehörige des Personals Patienten körperlich brutal mißhandelten. In der klinischen Iatrogenesis[8] erfolgt aber die Schädigung hauptsächlich entweder aus reiner fachlicher Inkompetenz oder sie ist die unbeabsichtigte und unvorhergesehene Folge einer Behandlung, etwa mit Medikamenten. Das klassische, erschreckende Beispiel war Thalidomid, das bei schwangeren Frauen in zahlreichen Fällen zur Geburt mißgebildeter Kinder geführt hat.

Der Helfer kann sein Versagen vertuschen, indem er jede Verantwortung leugnet oder sich hinter dem Schild seiner beruflichen Funktion vor den Konsequenzen seines Handelns zu schützen sucht. In einigen neueren Fällen von Kindesmißhandlung, in denen Tod oder Verletzung kleiner Kinder mit auf behördliches Versagen zurückzugehen schien, gab es Abteilungen in Sozialämtern, die sich zuvor der Erfolge in der Bekämpfung von Kindesmißhandlungen gerühmt hatten, sich nun aber weigerten, auch nur einen Teil von Verantwortung auf sich zu nehmen.

Wie können wir beurteilen, ob Hilfe untauglich ist? Wie können wir abschätzen, wie stark wir jemanden behindern? Eine wichtige und generelle Schwierigkeit betrifft die Bewertung einer Hilfeleistung von Seiten des Klienten. Ein Patient mag zwar kompetent beurteilen können, wie gut sich der Hausarzt am Krankenbett verhält, aber nach welchen Kriterien beurteilt er sein medizinisches Fachwissen oder seine praktischen Fähigkeiten?

Die Praxis des Helfens ist so vage, daß es nahezu unmöglich ist, sich irgendwelche generellen Bewertungskriterien vorzustellen. Ich kann mich an eine Reihe von Beispielen für mangelnde fachliche Kompetenz in meiner eigenen beruflichen Laufbahn erinnern. So erhielt ich von einem Sozialarbeiter der lokalen Behörde falsche Informationen, als ich wegen der Adoption eines Kindes Nachforschungen anstellte. Ich bin sicher, daß Klienten häufig veraltete Informationen über soziale Sicherheitsleistungen und Hilfsmöglichkeiten für Behinderte erhalten.

In diesem Jahr schloß ich eine kleine Untersuchung über den Umgang von vertraulichen Informationen bei Sozialarbeitern ab. Aus dieser Untersuchung ging hervor, daß es ziemlich einfach war, über das Telefon unter Leugnung seiner wahren Identität von Sozialarbeitern private und vertrauliche Informationen über ihre Klienten einzuholen. Es ist wohl anzunehmen, daß solche Informationen auf diese Weise zum Schaden des Klienten an Privatdetektive und Schuldeneintreiber weitergeleitet werden können.[9] Im Rahmen einer englischen Untersuchung zeigte sich, wie Sozialarbeiter ihre Befugnis mißbrauchen, eine Zwangseinweisung in psychiatrische Krankenhäuser anzuordnen:

Sozialarbeiter beklagten sich häufig darüber, daß sie aufgrund kaum zu bewältigender ökonomischer und Unterkunftsprobleme ihrer Klienten zu der »Lösung« gezwungen waren, sie in eine psychiatrische Anstalt einzuweisen. Da sie sich gegenüber einer mächtigen und legitimierten psychiatrischen Lehrmeinung machtlos fühlten, ordneten sie eine solche Einweisung häufig gegen ihre eigene Meinung an. 56 von den 65 Befragten gaben offen zu, die streng rechtliche Definition des [englischen] Gesundheitsgesetzes von 1959 zu mißachten. Nur zwei hatten sich tatsächlich der medizinischen Lehrmeinung widersetzt und sich geweigert, einen Antrag auf psychiatrische Zwangseinweisung zu unterzeichnen, obwohl nach dem Geist (und den Buchstaben) des Gesetzes von 1959 Sozialarbeiter sich gegen die medizinische Fachansicht stellen sollen, wenn dies im Interesse des Patienten ist.[10]

Im Falle der zweiten Kategorie, der sozialen Iatrogenesis, fördert die medizinische Praxis Krankheiten, indem sie eine morbide Gesellschaft unterstützt, die nicht nur ihre Defekte aufrechterhält, sondern auch die Patientenrolle fordert. Man erinnere sich an den Song »Gee Officer Krupke« aus dem Musical »West Side Story«. Der junge Mann versucht darin zusammen mit seinen Freunden verschiedene professionelle Helfer davon zu überzeugen, daß er ein Fall für sie ist. »Gee Mr. Social Worker – he's got a social disease.«
Für das Übernehmen der Klientenrolle entwickeln wir ein System von Belohnungen. Allein aufgrund des Klientenstatus

erhält man Zugang zu vielen verschiedenen praktischen Hilfsmöglichkeiten, zu Hilfsmitteln für körperlich Behinderte, zu finanzieller Beihilfe und zu Haushaltshilfsdiensten. Der Klient tauscht Einzelheiten über seine persönlichen Unzulänglichkeiten gegen Essenmarken und finanzielle Hilfe ein.

Das ganze menschliche Leid wird mechanisiert und wegsaniert. Unansehnliche Vorgänge wie das Gebären und das Sterben werden in speziellen Einrichtungen versteckt. Junge Leute gehen Ehen ein und treten in helfende Berufe ein, ohne mit dem einen oder anderen direkt vertraut zu sein. Sie waren so behütet wie der junge Buddha. Dies ist das erste Jahrhundert, in dem menschliches Leid als ein nicht notwendiges Übel angesehen wird. Unsere Klienten beklagen sich laut über Schmerzen, Depressionen und Verzweiflung. Gewöhnlich versuchen wir, ihnen Erleichterung zu verschaffen. Wir nehmen ihnen ihr Leid mit Medikamenten und mit professionellem Trost.

Ist eine solche Erleichterung Hilfe oder Behinderung? Viele Patienten werden auf die verschiedenen Antidepressiva und Schlaftabletten hin, die so munter im Sprechzimmer verteilt werden, unter Umständen süchtig. Die Frage: »Wie kann ich Ihnen helfen, sich besser zu fühlen?« kann sich auf lange Sicht weniger relevant erweisen als die Frage: »Wie können wir darauf hinarbeiten, daß Sie Ihr Unwohlsein, Ihr Gefühl der Einsamkeit, in effektiver Weise nutzen?« Viele Leiden und Heimsuchungen im Leben, einschließlich der Depression, haben konstruktive Bedeutung. »Der Seelenfrieden besteht nicht im Fehlen seelischer Kämpfe, sondern im Fehlen von Unsicherheit und Verwirrtheit.«[11] Vielleicht sollten wir uns das Ziel setzen, Sinn und Bedeutung des Lebens eines Menschen zu klären, statt ein Insektenvertilgungsmittel über seine Konflikte zu sprühen.

Patienten und Klienten wird nahegelegt, sich mehr auf professionelle Helfer zu verlassen, die als Experten gelten, als diejenigen, die es am besten wissen. Sozialarbeiter mögen zu der Auffassung kommen, daß sie in das Leben ihrer Klienten investiert haben. Ich erinnere mich, wie eine junge angehende Sozialarbeiterin sagte, die einzigen ernsthaften persönlichen Beziehungen in ihrem Leben wäre sie mit ihren Klienten eingegangen. Ein Kollege von mir weigerte sich, eine Klientin wiederzusehen, weil sie bei einer früheren Gelegenheit einen Ratschlag von ihm zurückgewiesen hatte. Er mußte wohl noch den Unterschied zwischen einem Ratschlag und einem Befehl verstehen lernen. In der großen Mehrzahl der Fälle muß es den Leuten freigestellt sein, jeden Ratschlag anzunehmen oder abzulehnen.

Diese Art von emotionalem Imperialismus scheint sich auszubreiten:

Da wir nicht mehr über die Mittel verfügen, einen überzeugenden sozialen Snobismus aufrechtzuerhalten, sind wir statt dessen in einen moralischen Snobismus verfallen. Romanschreiber, Kritiker und popularisierende Psychologen haben sich Kräften angeschlossen, die der Laienschaft zu mehr »sinnvollen« Beziehungen und zu mehr wertvollen Einsichten in die eigene Person verhelfen wollen, dazu, daß sie »alle dem Menschen innewohnenden Möglichkeiten verwirklichen«. Traurig schütteln wir den Kopf über die geistige Armut von Leuten, und mit freundlichem Lächeln reichen wir ihnen unsere Hände, um ihnen zu Besserem zu verhelfen. Wir übertreffen dabei den Scheinheiligsten unter den Viktorianischen Geistlichen.[12]

Diese Passage trifft mich in meinem Innersten.

Diese imperialistische Einstellung kann höchst destruktive Folgen haben. Wir fangen an, uns unserer eigenen Macht als Helfer bewußt zu werden. Wir nehmen unsere Beziehungen mit einer ganz bestimmten Familie als entscheidend wichtig wahr. Wir stellen fest, wie wir die prä-Kopernikanische Position einnehmen. Die Sozialarbeit, die medizinische Betreuung oder die Krankenpflege sehen wir als das absolute Zentrum des sozialen Universums, wohingegen bei ehrlicherer Betrachtung das professionelle Helfen immer nur einen kleinen Teil unserer liebevollen Zuwendung zu anderen ausmacht. Schlimmer ist noch, daß freiwillige Hilfsdienste unter Umständen als minderwertig gegenüber professioneller Hilfe oder lediglich als deren Ergänzung betrachtet werden. Man betrachte einmal die folgende Passage aus einem Bericht über freiwillige Mitarbeiter in den sozialen Diensten:

Es verwundert nicht, daß Mitglieder eines Berufs, dessen Grenzen immer noch nicht abgesteckt sind und der sich erst in letzter Zeit so rapide entwickelt hat, immer noch Schwierigkeiten haben, zu einem übereinstimmenden Selbstbild zu gelangen, nämlich als Personen, die für eine fachlich anspruchsvolle Tätigkeit und für die Bewältigung komplexer Probleme ausgebildet worden sind, wobei sie in ihrer Arbeit von Freiwilligen unterstützt werden können.[13]

Wie oft schon habe ich einen Nachbarn über einen Klienten sagen hören: »Ich hätte ihm gerne geholfen, aber ich habe keine entsprechende Ausbildung!«

Wenn man sich vorstellt, welch gewaltiges Potential an gegenseitiger Zuwendung innerhalb einer Gemeinde besteht, dann schrumpft die professionelle Hilfe zu einem Sandkorn auf einem großen Strand. Zu wem würden Sie gehen, wenn Sie in Not sind? Wer hat Ihnen das letzte Mal beigestanden, als Sie Hilfe nötig hatten? Gerade die Sozialarbeit hat es verabsäumt, die lebenswichtige Rolle von Freunden, Verwandten und Nachbarn zu erkennen. »Da die Sozialarbeit ursprünglich eingeführt wurde, um solchen Menschen als Einzelpersonen zu helfen und um zu versuchen, ihr Verhalten auf ein ›akzeptables‹ Niveau zu heben, betrachtet sie andere, die dieselben Schwierigkeiten haben, als eine Drohung, weil sie die Empfänger ihrer Hilfeleistungen wieder hinabziehen könnten.«[14]

Das Helfen sollte seinen generellen Schwerpunkt mehr auf die Unterstützung der eigenen Hilfsmöglichkeiten einer Gemeinde verlagern, statt sich direkt auf Einzelpersonen zu konzentrieren, obwohl beide Formen der Hilfe erforderlich sind. Die Erweiterung des Spektrums von Hilfe ist durch die zunehmende Distanz zwischen Klienten und Professionellen erschwert worden. »Die Distanz zwischen denen, die Hilfsdienste leisten, und den Empfängern solcher Dienste wird täglich größer, besonders in Anbetracht der starken Tendenz der Sozialarbeit zu zunehmender Spezialisierung.«[15]

Die Helfer und die Empfänger ihrer Hilfe waren in ihrer

sozialen Herkunft schon seit jeher verschieden. Sie lesen unterschiedliche Zeitungen, wohnen nicht auf der gleichen Seite der Eisenbahn und haben eine sehr unterschiedliche Erziehung genossen. Viele Untersuchungen machen deutlich, wie sehr dadurch eine effektive Kommunikation erschwert wird.[16, 17, 18] Helfer und Hilfsempfänger leben in parallelen Universen, zwischen denen es nur gelegentlich und dann nur kurz zu einem wirklichen Austausch kommt. Die Ironie besteht darin, daß sie beide ein sehr ähnliches Leben führen, ein Leben, in dem sie leiden, krank sind und schließlich sterben. Doch eben die sozialen Unterschiede machen einen gegenseitigen Kontakt so schwer.

Die letzte Kategorie ist die strukturelle Iatrogenesis. Damit ist gemeint, daß die Heilberufe eigentlich die Fähigkeit des Menschen untergraben, sich mit seiner eigenen Schwäche, Verletzlichkeit und Einmaligkeit in einer persönlichen und autonomen Weise auseinandersetzen. Sie lähmen eine gesunde Einstellung zum Leiden und reduzieren die Menschen auf den Status passiver Konsumenten, die an ihrer eigenen Behandlung und Heilung nicht mehr wirklich teilhaben.

Vor einem Jahr hatte ich einen wehen Finger. Ich hatte mich am kleinen Finger verletzt, und da die Wunde nach mehreren Wochen noch nicht geheilt war, ging ich in das örtliche Krankenhaus, in dem man mir eine Behandlung verschrieb. Nach mehreren Monaten erhielt ich einen anderen Termin und wartete in einer langen Schlange auf den fachärztlichen Berater. Er erhielt meine Krankengeschichte zur gleichen Zeit, als ich ihm meinen Finger zeigte. In den paar Augenblicken, in denen er sich meinen Finger ansah, schaute er mir kein einziges Mal ins Gesicht. »Also«, sagte er nachdenklich, »Ihr Finger schmerzt nicht mehr. Er ist vollkommen geheilt und Sie brauchen keine Behandlung mehr.« Er schmerzte mich aber sehr wohl und war aus meiner Sicht als Besitzer des Fingers nicht vollkommen geheilt, doch ich ging weg, ohne ein Wort zu sagen, mich brav an meine Rolle als passiver Konsument haltend.

Erinnern Sie sich an das Gespräch zwischen Kostoglotow, dem Konsumenten, der alles andere als passiv ist, und seiner Ärztin Donzowa in dem Buch »Krebsstation«?

»Sie fahren dann«, erwiderte Doktor Donzowa mit Nachdruck, »wenn ich eine Behandlungsunterbrechung für nötig halte. Und auch die wird befristet sein!«
Auf diesen Moment hatte Kostoglotow gewartet! Für ihn konnte es einfach nicht ohne Kampf abgehen!
»Ljudmila Afanassjewa! Lassen Sie uns doch dieses Gespräch nicht wie zwischen einem Erwachsenen und einem Kind führen. Sondern wie zwischen zwei Erwachsenen. Ich habe Ihnen heute morgen bei der Visite...«
»Sie haben mir heute morgen bei der Visite«, Doktor Donzowas Gesicht verfinsterte sich, »eine üble Szene gemacht. Was wollen Sie eigentlich? Die Kranken aufhetzen? Ihnen ein schlechtes Beispiel geben?«
»Was ich will?« Er sprach sehr ruhig, aber ebenfalls mit Nachdruck. »Ich will Sie nur an mein Recht erinnern, über mein Leben so zu verfügen, wie ich will. Jeder Mensch hat doch das Recht, nach eigenem Ermessen über sein Leben zu bestimmen! Gestehen Sie mir dieses Recht zu?«
Doktor Donzowa betrachtete seine helle, gezackte Narbe und schwieg.
Kostoglotow holte weiter aus:
»Sie gehen von einem falschen Standpunkt aus: Wenn der Kranke erst einmal hier aufgenommen ist, beginnen Sie für ihn zu denken. Nicht genug, Ihre Instruktionen denken für ihn, Ihr Programm und überhaupt der ganze Komplex Ihrer Bestrahlungsabteilung. Und ich bin wieder ein Nichts, wie im Lager, über nichts kann ich selbst bestimmen.«[19]

Ich habe – weit weg von der Sowjetunion – an vielen Fallbesprechungen teilgenommen, in denen nach sehr ähnlichen Prinzipien die Autonomie des Patienten untergraben wurde. Wir können berufliche Zuversicht und ein Gefühl der Sicherheit auf Kosten unseres Klienten erlangen – indem wir den Lauf seines Lebens bestimmen.
Die Gefahr ist die, daß wir alle nach einer gewissen Abhängigkeit streben. Wir sehen uns nach jemandem um, dem wir vertrauen und an den wir uns anlehnen können.

Es ist nur allzu leicht, abhängig zu werden, die Probleme auf jemand anderen abzuwälzen. Sozialarbeiter beispielsweise haben ein Übermaß an Verpflichtungen. Sie gehen ihren täglichen Pflichten nach und sind amtliche Vollstrecker einer umfangreichen und komplexen sozialen Gesetzgebung. Doch je mehr sie tun, desto mehr erwartet man von ihnen. Wie entsetzlich ist es doch, wenn man in der Zeitung über den Tod eines älteren Menschen liest, dessen Körper erst Wochen später entdeckt wurde. Um wieviel entsetzlicher ist es aber, wenn man den Kommentar des Nachbarn liest: »Es ist nicht meine Pflicht, daß ich nachschaue, wie es ihm bzw. ihr geht. Das ist die Pflicht des Sozialarbeiters.«

Wir haben anscheinend alle unsere Initiative und unsere Entscheidungsfähigkeit in Professionalismus und Verwaltung investiert. Sonderbarerweise schaffen wir Einrichtungen für die Lösung von Problemen. Diese Einrichtungen bewirken Abhängigkeit bei denjenigen, die in ihnen arbeiten. Wir fangen an, Leuten zu helfen, und enden damit, daß wir sie zu Krüppeln machen. Sobald ihre Probleme schlimmer werden, dann will es das konventionelle Denken, daß wir noch mehr Einrichtungen schaffen. Dieses Bedürfnis wird aber nie erfüllt, weil wir dann sagen, wir können es uns nicht leisten.[20]

Wie können wir diesen Teufelskreis durchbrechen? Wie kann professionelle und freiwillige Hilfe dazu benutzt werden, die Fürsorge der Gemeinde quantitativ und qualitativ zu verbessern?

Auch hier zeigt Ivan Illich einige interessante Lösungswege auf.

Die Wiederherstellung autonomen Handelns wird nicht von einzelnen neuen Zielen abhängen, die sich die Leute gemeinsam setzen, sondern von ihrem Gebrauch gesetzlicher und politischer Maßnahmen, durch die Einzelpersonen und Gruppen Konflikte, die aus ihrer Verfolgung verschiedener Interessen entstehen, lösen können... Eine bessere Gesundheitsversorgung wird nicht von einem neuen therapeutischen Standard abhängen, sondern von dem Ausmaß der Bereitschaft und der Fähigkeit, für sich selber zu sorgen. Die Wiederherstellung dieser Fähigkeit hängt davon ab, daß wir unsere gegenwärtigen irrigen Vorstellungen erkennen.[21]

Für mich bestehen die irrigen Vorstellungen im Zusammenhang mit dem Helfen darin, daß wir immer mehr den Schwerpunkt auf professionelle Hilfe legen, unserem professionellen Beitrag zentrale statt periphere Bedeutung verleihen und zunehmend eine Art soziales Ingenieurwesen züchten, das für Veränderungen zuständig sein soll. Wir müssen den ganzen Komplex Hilfe und Selbsthilfe gründlich neu überdenken.

Viele Klienten brauchen materielle Hilfe und Ratschläge statt einer Psychotherapie. Ihre Nöte hängen mehr mit Umweltsituationen zusammen als mit tief verborgenen Sehnsüchten und Unzufriedenheiten. Es kann sehr wohl eine große Lücke zwischen dem bestehen, was Klienten »wollen«, und was sie »brauchen«, aber wer soll über diese Lücke urteilen?

Es tut sich auch eine zunehmend größere Kluft auf zwischen dem, was Klienten ihren eigenen Angaben nach wollen, und dem, was professionelle Helfer zu geben bereit sind. Die Spezialisierung in Problembereichen und in der Methodik entwickelt sich in einer Weise, die den Hilfsmöglichkeiten und den Problemen in einer Gemeinde sehr wenig zu entsprechen scheint. In einer in Southampton durchgeführten Untersuchung über Sozialarbeit wurde eine starke Divergenz zwischen den Interessen festgestellt, die die Sozialarbeiter der lokalen Behörde ihren Angaben nach verfolgten, und den in der Untersuchung festgestellten Bedürfnissen der Gemeinde, der ihre Dienstleistungen galten. Wir haben zunehmend mit den Problemen der Armut und der sozialen Isolation bei älteren Menschen zu kämpfen, doch besteht für diese Probleme bei den angehenden Sozialarbeitern und Sozialarbeiterinnen offenkundig wenig Interesse. Dieses Auseinanderklaffen kann eine weitere Folge der größeren sozialen Distanz zwischen professionellen Helfern und ihren Klienten sein.

Wie können wir vorgehen, um die Selbstbestimmung derer, denen wir beistehen, zu erhalten? Wie können wir unsere Klienten vor den hauptsächlich unbeabsichtigten Konsequenzen unseres Tuns schützen? Wir müssen uns dringend unserer eigenen Unzulänglichkeit und unseres Machtbedürfnisses bewußt werden. Wir müssen uns über die Spannungen klar werden zwischen unserem Wunsch, uns zu schützen und mit Wärme und Sicherheit zu umgeben, und dem eigentlichen Dienst an der Gemeinschaft. Über welche grundlegenden

Kenntnisse und Fähigkeiten sollten die verschiedenen Helfer verfügen?

Ist es eigentlich möglich, Hilfe zu leisten, solange man die Absicht hat, zu helfen? Können diejenigen wirksam helfen, die allein schon dafür bezahlt werden, daß sie es tun? Häufig werden die Klienten in eine untergeordnete und unerfreuliche Position gebracht. Die Hilfe, die von Freunden und Verwandten stammt, wird ganz anders empfunden als die professionelle Hilfe.

Ende der sechziger Jahre suchte ich zweimal als Patient psychiatrische Beratung. Ich fühlte mich gedemütigt, nicht durch den Psychiater, sondern durch den ganzen Prozeß, der damit verbunden war. Zu jenem Zeitpunkt schien es, als wäre ich unter die geistig Gestörten, die sozialen Problemfälle und die Schwachen gegangen. Wenn ich heute auf diese Erfahrung zurückblicke, empfinde ich sie als bereichernd. Es war das erste Mal, daß jemand, der gewöhnlich von der Familie, den Freunden und den Klienten als seelisch robust betrachtet wurde, offen ein Bedürfnis nach Hilfe und Trost bekannte. Den Psychiater aber nehme ich nur verschwommen wahr. Wer war er? War ihm an mir als Mensch gelegen? Oder war ich nur ein anderer psychiatrischer Fall für ihn?

Ich weiß, daß ich Freunden und Verwandten viel bedeute. Sie nehmen mich als wichtigen Menschen wahr und gewähren mir normalerweise freiwillige und persönliche Hilfe. Die Hilfe strömt einfach von ihnen aus, ohne daß sich deutlich eine Absicht dahinter versteckt oder daß sie in einem genau abgesteckten Rahmen erfolgt. Ich empfinde sie auf einer gleichen Ebene mit mir und nicht als über mir stehend. Sie sind so ziemlich im gleichen Boot wie ich. Irgendwann einmal werden sie vielleicht auch meine Hilfe brauchen.

Professionelle können lernen, indirekt zu helfen, nämlich indem sie die Umgebung des Klienten gestalten oder neue berufliche Möglichkeiten anbieten.[23] Manche Helfer experimentieren damit, daß sie ehemalige Straffällige und Alkoholiker in sozialen Berufen ausbilden. Der ehemalige Strafgefangene oder Drogensüchtige kann mithelfen, ein Heim für Personen mit solchen Problemen zu leiten.

Neben der indirekten Hilfe können wir ständig die Interessen unserer Klienten über unsere eigenen Interessen stellen. Nur allzu häufig betrachten wir unser eigennütziges Interesse und das Interesse unseres Berufs als gleichbedeutend mit dem Wohl der Gemeinschaft. Nur allzu häufig – und das ist nur menschlich – drängen wir unsere eigenen persönlichen Probleme den Klienten auf. Weit schlimmer noch: Klienten können zu Opfern von Kompetenzstreitigkeiten werden, in denen jeder Blick für menschliche Bedürfnisse verlorengegangen zu sein scheint.

Wir können ehrlich sein, was unser Versagen und unsere Unzulänglichkeit angeht. Es gibt einige übliche Spielchen, in denen alles auf »die da oben« abgewälzt wird. So kann ein Sozialarbeiter empfehlen, daß ein Klient keine finanzielle Unterstützung erhält, und wenn er ihn dann wiedersieht und sich seine bitteren Beschwerden anhören muß, sagt er: »Geben Sie nicht mir die Schuld. Ich habe damit überhaupt nichts zu tun. Alle solche Entscheidungen werden von denen da oben getroffen.«

Ein sehr großer Teil der Praxis des Helfens – besonders des beruflichen Helfens – besteht darin, die Verwaltungsmaschinerie gegen Schuld und Verantwortlichkeit abzusichern. Es herrscht eine gewisse Spannung zwischen der Betriebsmaschinerie und Verantwortung einer ganzen Abteilung und dem einzelnen, der für sie arbeitet. Kluge selbstsüchtige Berechnung gegen Integrität. Ich erinnere mich, wie mir mein dienstlicher Vorgesetzter ständig sagte: »Sichere dich ab, David.« Er meinte damit, daß ich in jedem eventuellen Fall auf Rückendeckung achten sollte. Egal, wem was widerfuhr oder wieso, meine Hände waren sauber, weil ich den ganzen administrativen Weg korrekt beschritten hatte. Pontius Pilatus...

Ehrlichkeit und Klarheit vertragen sich besonders gut miteinander. Wenn wir in unserer Arbeit mit Menschen Transparenz wahren, dann können sie sehr weitgehend bestimmen, welche Richtung die Beziehung einschlagen soll. Die Transparenz bezieht sich sowohl auf die Methoden als auch auf die Ziele. Wir können unseren Klienten sagen, wie wir unsere Arbeit verrichten, und auch, worauf sie hinausläuft. Wir können ihnen mitteilen, was wir als »realistisch« betrachten und wie sehr es sich von ihrer Sicht der Dinge unterscheidet.

In die gewöhnliche Hilfe können sehr viel stärker das Lehren und das Lernen einbezogen werden. Wenn wir die Philosophie vom Klient als »Kollegen« ernst nehmen, dann folgt daraus, daß wir manches an Interviewmethoden und Casework-Prinzipien, Gesundheitspflege und Fertigkeiten, wie sie für den Klienten von Bedeutung zu sein scheinen, weitervermitteln. In unserer Praxis haben wir beispielsweise reichhaltige Möglichkeiten, Fertigkeiten und Kenntnisse über menschliches Wachstum und Entwicklung weiterzugeben. Gesundheitsinspektoren haben uns darin ein gutes Beispiel gegeben. Wir könnten jenen großartigen Wahlspruch der christlichen Hilfe erweitern, der lautet: »Gib einem Menschen einen Fisch, und du gibst ihm Nahrung für einen Tag. Lehre ihn fischen, und du gibst ihm Nahrung für ein ganzes Leben.«

Das Lehren verläuft aber nicht nur in die Richtung Helfer-Klient. Als Supervisor stelle ich Studenten, die gerade ihr Praktikum im sozialen Feld machen, am häufigsten die Frage: »Was haben Sie in der letzten Woche von Ihren Klienten gelernt?« Es gibt einen wirklich sinnvollen Ratschlag für einen jungen Sozialarbeiter, nämlich: Geh in die Praxis, und die Klienten werden dich alles lehren, was du wissen mußt.

Von D. H. Lawrence stammt der Ausdruck: »Gier nach Geben«, und diese Gier ist unter Helfern sehr verbreitet. Wir bekommen oft nur in sehr ungenügendem Maße. Wir ziehen es vor, zu geben statt zu nehmen, doch häufig braucht der Klient gerade letzteres: daß wir von ihm nehmen, daß *er* uns gibt. Wenn er ständig derjenige ist, der bekommt, dann kann dadurch sein ganzes Ich untergraben werden. Er muß auch die Möglichkeit haben, ehrlich etwas zu geben, was sowohl für die

Helfer-Klient-Beziehung als auch für die Gesellschaft von Wert ist.

Für mich war in all den Interviews mit dem Psychiater, den ich einmal aufgesucht habe, am schwersten zu verkraften, daß ich mich in einer Situation befand, in der ich nur bekam. Es schien keine Möglichkeit zu geben, wie ich etwas zu der Beziehung beitragen konnte. Ich konnte nichts über ihn als individueller Mensch erfahren oder ihm Einsichten und Gefühle vermitteln, die etwas anderes als nur eine Last für ihn waren. So empfand ich die Situation damals.

Wir müssen mit dem Wunsch in uns kämpfen, daß alles nach *unserem* Kopf gehen soll. Wir müssen für unsere Klienten echten Respekt empfinden lernen, einen Respekt, der auf Mitgefühl und nicht auf Mitleid basiert – unabhängig davon, wie schmutzig, zerrüttet, aggressiv oder ablehnend unsere Klienten auch erscheinen mögen. Dieser Respekt schafft den Nährboden für gute Hilfe, die sowohl ihnen als auch uns zugute kommt.

Wir müssen darauf achten, daß wir nicht zu sehr in das Leben anderer eingreifen. Meine Zen-Lehrerin schrieb:

Wenn man den Großen Weg beschreitet, wird das kindliche »Ich will«, werden die Leidenschaften oder Emotionen umgewandelt. Die Energie (Kraft) verliert in der Tat das Ziellose und Zwanghafte eines Triebs und wird bewußten Entscheidungen unterworfen. Das hat den Wert, daß man die Dinge deutlich sieht und fähig ist, danach zu handeln. Darin sind alle die wirklichen menschlichen Qualitäten enthalten, nämlich Verantwortung, Gerechtigkeit, Rücksichtnahme, Herzenswärme, Freude, Toleranz, Mitgefühl, sowie ein Bewußtsein der Stärke der eigenen Persönlichkeit, ihrer Macht und ihrer Grenzen. Niemand hat nämlich das Recht, jemand anderen mit seiner stärkeren Persönlichkeit zu manipulieren oder zu beeindrucken, auch nicht zu dessen vermeintlichem Wohl, denn niemand kann wissen, wie dieses Wohl beschaffen ist. Dies ist Höflichkeit und nicht Gefühllosigkeit, denn so wird die Würde des anderen anerkannt oder die Würde seiner Trauer respektiert. Wenn und sobald der andere bereit ist, wird er von sich selber aus nach Trost verlangen und sich die Freiheit nehmen, jemanden zu bitten, ihm den Weg zu weisen.«[24]

4 Mitgefühl

Wenn ich doch nur
meinen Drang abschütteln könnte,
mich selber
in dir wiederzufinden.
Dann erst
könnte ich dich wirklich sehen.

Wenn Bankei seine Meditationswochen in der Zurückgezogenheit abhielt, kamen Schüler aus vielen Teilen Japans, um daran teilzunehmen. Während eines dieser Treffen wurde ein Schüler beim Stehlen ertappt. Man trug die Sache Bankei vor, mit der Bitte, der Täter möge davongejagt werden. Bankei ignorierte den Fall.
Etwas später wurde der Schüler bei der gleichen Tat ertappt, und wieder übersah Bankei die Angelegenheit. Dies ärgerte die anderen Schüler, und sie schrieben ein Gesuch, in dem sie die Entlassung des Diebes forderten und erklärten, daß sie andernfalls alle zusammen fortgehen würden.
Als Bankei das Gesuch gelesen hatte, rief er alle zu sich. »Ihr seid weise Brüder«, sagte er zu ihnen. »Ihr wißt, was recht und was nicht recht ist. Geht woanders hin, um zu studieren, wenn ihr wollt, aber dieser arme Bruder kann nicht einmal zwischen recht und unrecht unterscheiden. Wer wird ihn unterrichten, wenn ich es nicht tue? Ich werde ihn hierbehalten, selbst wenn ihr anderen alle geht.«
Ein Strom von Tränen läuterte das Gesicht des Bruders, der gestohlen hatte. Jegliches Verlangen zu stehlen war ihm vergangen.[1]

Diese Geschichte über Bankei ist ganz von Mitgefühl durchdrungen, und Mitgefühl macht das Wesen des Helfens aus. Bankei verhielt sich großzügig, sowohl zu dem Dieb als auch zu den selbstgerechten Schülern. Deutlich erkannte er, daß sie sich ihre Selbstgerechtigkeit und die Folgen besorgten Schützens von Eigentum vor Augen führen mußten. Er erteilte eine erleuchtende Lektion über die Gefahren des Urteilens, ähnlich den von Jesus überlieferten. Wer wirft den ersten Stein? Wer ist besser als ein anderer?

Mitgefühl ist heutzutage ein unpopulärer Begriff. In ihm schwingen Dinge mit wie Verpflichtung, Engagement, Zuwendung, Liebe und Großzügigkeit des Herzens. All dies hängt eng mit Gefühlen und Gefühlsregungen zusammen, die den Menschen des 20. Jahrhunderts beträchtlich in Verlegenheit bringen können. In unserer gegenwärtigen Gesellschaft ist es weniger gefährlich, »cool« zu sein als Leidenschaft zu zeigen. Mitgefühl macht aber das Wesen des Helfens aus, und ohne Mitgefühl sind Beziehungen zwischen Menschen wie vertrocknete Blätter im Wind.

Zu den bestimmenden Elementen des Mitgefühls zählen Offenheit, Vertraulichkeit und Empfindsamkeit. Vermöge dieser Eigenschaften kann man tief und direkt in das Innere des anderen Menschen hineinsehen und seine Bedürfnisse und Wünsche mitempfinden. Das hat nichts mit verbaler Diarrhoe zu tun. Mitfühlend sein heißt nicht, den anderen unaufhörlich mit seinen Ratschlägen bombardieren oder ihm intime Einzelheiten über seine Nasen- oder Beinoperation erzählen. Das wirkliche Mitgefühl ist viel weniger offenkundig, es wird viel weniger bewußt gezeigt.

Mitgefühl mit sich selber und mit den anderen beginnt dann, wenn die Zahl der Urteile geringer wird. Ich fange an, die Dinge zu erkennen, ohne den Ereignissen ständig den Stempel meiner Urteile und Wertvorstellungen aufdrücken zu müssen. Ich höre auf, mich dafür zu bestrafen, daß ich selbsterrichteten Standards nicht genüge. Ich sehe, wie sich ein anderer verhält, und empfinde es nicht als gut oder schlecht. Dieses Wertungsbedürfnis ist vom Respekt gegenüber der Eigenständigkeit des anderen verdrängt worden. Er oder sie sind nicht dazu da, meiner Sicht der Dinge zu genügen.

Die Worte »Ich weiß genau, was du empfindest« müssen unweigerlich mißverstanden werden, wie gut die Absicht dessen, der sie sagt, auch sein mag. Wie ist es überhaupt möglich, einen treffenden Vergleich über das Erleben oder die Gefühle zweier Menschen anzustellen, auch wo es scheinbar um das gleiche Ereignis geht? Wenn du mir sagst, daß ein

Freund gestorben ist, dann ist es höchstwahrscheinlich mein Schmerz, den ich beim Tod eines mir nahestehenden Menschen empfinde. Ich kann nicht sagen, ob das, was sich in meinem Inneren regt, das gleiche ist wie in deinem. Ich kann deine Empfindungen teilen, muß aber achtgeben, daß ich deine Trauer und deinen Kummer nicht mit dem meinigen ertränke.

Mitgefühl heißt, daß man anderen Freiheit gibt, daß man Türen öffnet, statt sie zu schließen, und daß man Fragen stellt, statt Antworten zu geben. Es heißt, die Situation und die Gefühle eines anderen Menschen sensibel zu erfassen und – wenn man es kann – mit voller Beteiligung und Bereitschaft herauszuspüren, was für die Beziehung relevant und angemessen ist, ohne dies bewußt abzuschätzen. »Als ich von ihm fortging, empfand ich in mir ein Gefühl der Wärme, das er in mir entfacht hatte, durch seine ruhige Aufmerksamkeit gegenüber meinen Worten und durch seine Fähigkeit, mich mit einem Lächeln oder einer Geste eine gemeinsame menschliche Basis spüren zu lassen.«[2] Im Mitgefühl wird ein tiefer Kontakt mit dem Urquell der Liebe hergestellt. Es ist die direkte Kommunikation aus den verborgensten Winkeln unserer inneren Existenz.

Mitleid hat nichts mit Errungenschaft oder Erfolg zu tun. Es ist ein weises und großzügiges Gefühl. Ein Mensch, dem es gegeben ist, echtes Mitleiden zu fühlen, ist sich keiner Großzügigkeit gegen sich oder andere bewußt. Mitgefühl ist eine allumfassende Großzügigkeit, nicht auf sich selbst oder andere ausgerichtet. Es ist von Freude erfüllt, von einem unmittelbaren, anhaltenden Glücksgefühl – in Form von Vertrauen – und einem Gefühl von Reichtum.[3]

In seiner reinsten Form ist Mitgefühl ohne jede Absicht. Weder sucht es das Wohl anderer noch das eigene. Es heißt gut *sein*, nicht »Gutes tun«. Es ist einfach Leben ohne Absicht oder bewußte Reflexion. Es schafft den Nährboden für die Liebe. Zur Beschreibung eines Prozesses – nicht einer Eigenschaft – bei bestimmten Menschen wird im Zen-Buddhismus der Begriff Karuna benutzt. Suzuki sagte:

Sobald Prajna (Weisheit) erlangt ist, haben wir die Einsicht in die grundlegende Bedeutung des Lebens und der Welt und hören auf, uns um individuelle Interessen und Leiden Gedanken zu machen. Der Weg ist frei für Karuna, d. h. die Liebe vermag sich nun ohne jede Belastung durch eigennützige Interessen über alle Dinge auszubreiten.[4]

In dieser reinsten Form richtet sich Karuna nicht nur auf das Leid oder auf einzelne menschliche Situationen. Es will das Heil für alle Lebewesen. Es weist allen, die sich strebend bemühen, den Weg zur Erleuchtung.

Das ist der Weg Buddhas. Ich hingegen bin sehr besorgt um die Menschen, die um mich herum leben. Ich werte mich ständig als unzulänglich, gemessen an allen möglichen Standards in meinem Kopf. Das Helfen entspringt in mir größtenteils aus Gefühlen des Mitleids mit anderen. Mitleid ist teils Arroganz, teils Zuneigung. Im Gegensatz zum Mitgefühl stehen die anderen nicht gleichwertig da, sondern minderwertig.

Mitleid empfinde ich als Auftrag, anderen zu helfen, die »schwach« sind. Meine selbstgefällige Ausstrahlung kann das echte Geben überdecken und die anderen behindern. Das ist alles, was mir gegenwärtig möglich ist. Ich gehe den Weg der Meditation und des Annehmens, meiner selbst und anderer, der mich vielleicht zu weniger eigennützigem und weniger zielorientiertem Bemühen befreit.

Wenn man diesen Weg beschreitet, so heißt das nicht, daß man eine quietistische Einstellung entwickelt, sich von der Welt zurückzieht oder Leid und Grausamkeit ruhig hinnimmt. Es heißt eigentlich, sich viel bewußter dem Alltag zuzuwenden – viel bewußter das Unkraut im Garten auszurupfen, bewußter auch an Freud und Leid seiner Familie und seiner Freunde teilzunehmen. Durch Meditation wird man nicht unempfindsam gegenüber anderen, sondern man geht bewußter im einfachen Vorgang des Lebens auf.

Viele bringen einen solchen meditativen Weg mit Begriffen wie »Genußsucht« oder gar »psychische Masturbation« in Verbindung. In dieser Einstellung wird eine klare Trennung zwischen dem Dienst am Mitmenschen und der nach innen gewandten Betrachtung offenbar. Die beiden Dinge werden als grundverschieden angesehen. Im Zen aber ist die Existenz ein untrennbares Ganzes, eine All-Einheit, in der wir das ganze Universum ebenso umgeben, wie es uns umgibt. Diese Anschauung steht im Widerspruch zu einem Rückzug von der Welt. »... Daraus folgt, daß wir keinen wahren Seelenfrieden erlangen können, wenn wir nur um unsere eigene Rettung bemüht sind, gegenüber dem Wohl anderer aber indifferent bleiben.«[5]

Wahre Selbstentdeckung kann nicht heißen, daß man für die Schreie derjeniger, die an Hunger oder körperlichen Schmerzen leiden, taub ist. Wer den inneren Weg geht, hört diese Schreie und sieht das Leid. Diese Erfahrungen gehören zum Pfad zur Erleuchtung. Er hilft, wo er kann, und empfindet Schmerzen und Entfremdung. Seine eigene Habgier und Eigennützigkeit tragen in nicht geringer Weise zum Leiden der Welt bei.

Ein wichtiger Bestandteil des Mitgefühls ist die Großzügigkeit. Das Geben hat aber viele Fallen, in die der Unbedachte unversehens hineingeraten kann. Es kann effektiv dabei helfen, das Ich aufzublähen. Im Rahmen des Helfens kann es sich zu einer eigentümlichen Form von Sparsamkeit entwikkeln. Man nimmt anderen, statt ihnen zu geben. Helfer gelüstet es danach, andere mit materiellen und verbalen Geschenken zu überschütten. Sie verhalten sich schlimmer als ein Weihnachtsmann. Jedes Geschenk macht aber erneut die Minderwertigkeit des anderen deutlich. Jedes Geschenk wird zum Ausdruck des Mitleids, das der Schenkende empfindet. »Du bist ja so arm dran...«

In dem schon früher erwähnten Gemeindezentrum für obdachlose Frauen in der Greek Street wohnte ich Tür an Tür mit Joanna, die zehn Jahre – mit der Diagnose »akute Schizophrenie« – in einer psychiatrischen Anstalt verbracht hatte. Sie schlief im großen Wäscheraum und stieß durch die dünne Pappwand laute Verwünschungen gegen mich aus, weil ich sie ständig sexuell belästige. Joanna tat mir leid, und ich bemühte mich sehr, mich mit ihr zu verständigen. Die Antwort war ein langer geflüsterter und unzusammenhängender Redeschwall, in dem sich bestimmte Worte wie »Laserstrahlen« und »Vergewaltigung« unaufhörlich wiederholten. Nachts wachte ich häufig mehrere Male auf, weil sie gegen die Wand hämmerte und »Vergewaltigung! Vergewaltigung!« schrie. Ich versuchte, ihr zu helfen, aber ich schien mit nichts Erfolg zu haben.

An einem Wochenende schrieb ich an einer Informationsschrift »Frauen ohne Zuhause« für Christian Action. Bis Montag mußte ich fertig werden. Ich war sehr müde und deprimiert. Jedesmal, wenn ich die Schreibmaschine benutzte, schrie Joanna. Ich wußte, daß sie der Meinung war, meine Schreibmaschine sei eine Lasermaschine. Ich versuchte es mit Bitten, Schmeicheln, Klopfen und Fluchen – aber vergebens.

Schließlich suchte ich in meiner Verzweiflung nach meiner früheren Informationsschrift und fügte ihr folgende Nachricht bei:

Liebe Joanna,
ich versuche gerade, eine andere Informationsschrift wie diese hier, die Du gerade vor Dir hast – ›Obdachlos in London‹ – zu schreiben. Sie muß noch an diesem Wochenende fertig werden. Bitte hilf mir, indem Du ruhig bleibst.

Ich schob ihr die Informationsschrift und die Nachricht unter die Tür und ging in mein Zimmer zurück. Nach etwa einer Stunde hörte ich, wie sie etwas unter die Tür schob. Es war meine Informationsschrift, der folgende gekritzelte Nachricht beigefügt war: »David, ich habe deine Schrift mit Freude gelesen. Mach weiter.« Ich tippte bis in die Nacht hinein. Sie gab keine Geräusche von sich. Sie half mir. Es war das erste Mal, daß ein Sozialarbeiter von ihr Hilfe brauchte.

Menschen, die häufiger Beistand suchen oder als hilfsbedürftig betrachtet werden, müssen auch eine Möglichkeit haben, selbst etwas von Wert zu geben.

Es ist bekannt, daß der Arme bereitwilliger gibt als der Reiche. Trotzdem macht die Armut jenseits einer bestimmten Grenze auch das Geben unmöglich, und gerade das ist erniedrigend – nicht nur wegen des Leids, das unmittelbar hervorgerufen wird, sondern auch wegen der Tatsache, daß es den Armen der Freude des Gebens beraubt.[6]

Ich habe Familien gekannt, die in äußerster Armut lebten, die kein Bett, keine richtigen Möbel und nicht genügend Nahrungsmittel besaßen, und die ständig als Bettler und Bedürftige definiert und behandelt wurden. Hilfe wurde ihnen in Form von Almosen in einem wirklich feudalen Rahmen zuteil, mit wenig Gespür für ihre Würde oder ihren Selbstwert. Manchmal bekamen sie »Hilfe«, hinter der sich aber kaum verhehlte Verachtung verbarg, sah man in ihnen »arbeitsscheues Gesindel« oder »Lumpenpack«. Diese Familien verfielen entweder in Bitterkeit oder sie hatten gründlich ein ganzes triefendes Ritual gelernt, nach dem sie Dinge zu erlangen suchten, die ihnen rechtlich ohnehin zustanden.

Ein solches Geben wird oft mit Bedingungen verknüpft. »Ich gebe dir das, wenn du...« Hinter diesem »wenn du« kann dann stehen: »...dich in deinem Verhalten besserst«, »...besser für deine Kinder sorgst«, »...deine Miete regelmäßiger bezahlst«, »...dich gründlich sauber machst« usw. Solche Bedingungen und die daraus resultierenden Sanktionen werden nur selten dem anderen offen kundgetan. Das Spiel »Helfen« ist viel komplizierter und verschleierter. Sanktionen können sein ein Entzug versprochener Hilfe oder Unterstützung, die Empfehlung, den Betreffenden gerichtlich von seinem Besitz zu vertreiben, die Kinder zur Fürsorge geben oder ganz einfach und kosmologisch »Ich werde mich für dich nicht mehr bemühen«.

Echtes Mitgefühl läßt sich nicht so leicht mit irgendwelchen Zielvorstellungen zusammenbringen, vor allem mit solchen nicht, die verborgen bleiben. Ich mag zwar der Meinung sein, daß das Leben für dich besser wäre, wenn du dich häufiger badetest, dich angemessen ausdrücktest oder besser mit deinem Geld umgingst. Ich kann aber nicht *wissen*, ob dies wirklich der Fall wäre. Helfen wird häufig mit emotionalen Erpressungen aller Art verquickt. Manchmal hat die Erpressung mit den Funktionen einer Behörde zu tun, die bestimmte Ziele verfolgt und bestimmte Arten von Verhalten wünscht. Manchmal aber hat die Erpressung auch etwas mit den persönlichen Bedürfnissen des Helfers zu tun. Es ist ein großer Unterschied, ob man dem Klienten gegenüber deutlich ausspricht, welche Folgen bestimmte vorgeschlagene Verhaltensweisen für ihn haben könnten, oder ob man ihn massiv unter Druck setzt, sich in einer bestimmten Weise zu verhalten.

Es liegt in der Natur des Mitgefühls, daß die Entscheidungsfreiheit vergrößert statt eingeengt wird. Es geht keineswegs darum, daß ich meine eigenen Vorstellungen als Helfer durchsetze. Meine Anschauung, daß dem Klienten mehr Entscheidungsfreiheit gegeben werden soll, mag unter Umständen mit dessen Anschauung nicht übereinstimmen. Diese Meinungsverschiedenheit sollte dann der Ausgangspunkt einer ständigen und bedeutenden Diskussion zwischen uns werden. Ich muß mit meiner Macht vorsichtig umgehen, damit es nicht zu einer Rollenverteilung kommt, bei der ich den Ton angebe und er die Rechnung bezahlt.

Geben kann in einer Weise erfolgen, bei der es dem Gebenden sehr viel mehr bringt als dem Empfänger. Gebende können davon besessen werden, »Menschen Gutes zu tun«. Geben kann zu einem heftigen Bedürfnis, ja zu einer Krankheit werden, bei der es dringend des ständigen Kontakts mit Menschen bedarf, denen man gibt, um seinem eigenen Leben mehr Sinn zu verleihen. Helfen wird zu einer Droge. Hinter dem Helfen kann sich ein quälendes Gefühl der Leere verbergen. Die rastlose Aktivität aber, die daraus entspringt, wird nicht immer wirklich Gutes bewirken.

Wir müssen uns ständig fragen, woher unser Hilfsbedürfnis entspringt. Es kann viele Hintergründe haben: Neugier, Kreativität, aber auch unbewußte Bedürfnisse wie das nach Bestrafung anderer, nach Macht oder nach der Lösung der eigenen Probleme.

Es ist schwer, zu einem ausgewogenen Gleichgewicht zwischen der Zuwendung zu anderen und der Zuwendung zu sich selber zu gelangen. Ich habe gehört, wie Sozialarbeiter und Ärzte in Gruppen laut geweint haben, weil sie sich äußerst unglücklich und ungeliebt fühlten, aber sie sagten: »Ich habe keine Zeit für

60

mich. Die Klienten sind viel schlechter dran als ich und viel wichtiger.« In diesen Menschen können Gefühle der Leere und der Verzweiflung zurückbleiben.

Es gibt viele Menschen, die ihre ganze Zeit damit verbringen, den Bedürftigen zu helfen und sich Bewegungen zur Verbesserung der sozialen Zustände anzuschließen. Freilich sollte man das nicht für geringachten. Aber ihre Ur-Angst, die aus einer falschen Sicht ihrer selbst und des Weltalls erwächst, findet keine Linderung, sie nagt an ihrem Herzen und läßt sie nicht zu einem reichen, freudigen Leben kommen. Menschen, die solche Tätigkeiten zur Hebung der sozialen Verhältnisse fördern und sich daran beteiligen, halten sich bewußt oder unbewußt für moralisch überlegen und machen sich deshalb nie die Mühe, sich innerlich zu läutern, indem sie sich von Habgier, Ärger und Verblendung befreien. Es kommt aber die Zeit, da sie von all ihrer rastlosen Tätigkeit erschöpft sind und ihre Ur-Angst um Leben und Tod vor sich selbst nicht mehr verbergen können. Dann fangen sie ernsthaft an zu fragen, warum das Leben nicht mehr Sinn und Würze habe. Nun fragen sie sich zum ersten Mal, ob sie sich nicht vor allem selber retten sollten, anstatt zu versuchen, andere zu retten.[8]

Sie haben noch nicht damit begonnen, nach einem wirklichen Quell von Kraft und Lebensfreude zu suchen. Ihr ganzes rastloses Tun und Umherirren höhlt sie innerlich aus. Sie können in ihrem Bemühen, anderen zu helfen, keine echte Befriedigung finden, weil diese Hilfe dem verzweifelten Bedürfnis entspringt, Gefühlen der Isolation und des Verlustes zu entfliehen. Ich kam zur Sozialarbeit in erster Linie deswegen, weil sie meiner Meinung nach der einzige Weg zu tiefen und befriedigenden menschlichen Beziehungen war, mit denen ich mein eigenes Gefühl der Isolation zu überwinden hoffte. Meinen eigentlichen Reifungsprozeß machte ich aber erst durch, als ich dieses Gefühl der Isolation erfuhr, und nicht, indem ich anderen gab.

Das Überlegenheitsgefühl und die Selbstgerechtigkeit hängen eng miteinander und mit dem moralischen Imperialismus zusammen. »Ich bin etwas Besseres als du. Ich fühle mich wohl und zufrieden bei dem Gedanken, was ich alles für die sozial Isolierten und Schwachen tun kann.« »Wenn wir uns das reine Chaos und das Elend unseres eigenen Lebens näher betrachten, so scheint die Selbstgerechtigkeit zu etwas noch Hohlerem und Illusionärem zu werden.

Wir müssen uns selber und die anderen vor den Folgen guter Absichten noch mehr schützen als vor den Folgen schlechter Absichten. Wenn gute Absichten mit Gefühlen der moralischen Überlegenheit einhergehen, so können sie doppelt gefährlich sein. Diese Kombination kann bewirken, daß sich der andere wertlos und als Mensch dritter Klasse fühlt, daß wir als »gut« dastehn und er als »schlecht«. Es ist so viel schwerer, sich gegen die aufdringliche Liebenswürdigkeit eines Menschen zu wehren, der es darauf abgesehen hat, durch gute Taten den anderen moralisch zu untergraben.

Bei einem Quäkertreffen hatte ich mich einmal fürchterlich aufgeregt, so daß ich nach 17 Jahren Mitgliedschaft nicht mehr daran teilnahm. Ich hatte das Gefühl, daß eine ganze Menge Unehrlichkeit und verdrängter Emotionen im Spiel war, zu einer Zeit, die nach der Äußerung von Gefühlen und nach Echtheit verlangte. Das war meine grobe und wütende Beurteilung der Situation, und als ich nach dem Treffen zum Parkplatz ging, kochte ich innerlich vor Zorn. Da zog mich eine ältere Quäkerin am Arm.

»Warum bist du so deprimiert, David?« fragte sie.

»Ich bin nicht deprimiert, ganz und gar nicht. Ich habe eine Stinkwut auf euch alle.«

»Komm, ich lade dich zu mir zum Kaffee ein, und wir sprechen darüber. Dann wird es dir besser gehen.«

»Ich möchte überhaupt nicht, daß es mir besser geht. Vielen Dank für dein Angebot. Ich komme ein anderes Mal bei dir zum Kaffee vorbei.«

»Komm jetzt mit mir zum Kaffeetrinken. Es ist sehr unchristlich von dir, wenn du dich weigerst.«

Unchristlich oder nicht, ich ließ sie stehen, ohne sie eines Blickes zu würdigen. Im Augenblick war ich viel zu aufgebracht, um Schuldgefühle zu empfinden. Die kamen erst später...

Ohne Zweifel war es wichtig, daß ich mit ihr Kaffee trank –

aber ihr, nicht mir. Ich spürte, daß sie mich einlullen wollte. Sie wollte meine ganzen Emotionen mit zuckersüßer Schlagsahne überdecken. Ihr Angebot schien nichts mit mir und meinen augenblicklichen Empfindungen zu tun zu haben.

Ich sehe das Mitgefühl nicht als etwas, was anderen automatisch dazu verhilft, sich »besser zu fühlen«. Mitgefühl ist etwas sehr viel Robusteres. Es heißt nicht einfach, lieb und freundlich zu anderen Menschen zu sein. Wenn man das Richtige oder das sozial Akzeptable sagt, ist man für gewöhnlich nicht mitfühlend. Nett sein ist ein einfaches und ständig praktiziertes Verhaltensmuster, um den anderen nicht zu sehr zu verwirren oder zu treffen. Mitgefühl geht diese Risiken ein. Es ignoriert diese Gefahren.

Genauso soll der Ehemann – wie der Eheberater uns mitteilt – seine Frau »verstehen« und ihr eine Hilfe sein. Er soll sich günstig über ihr neues Kleid äußern, aber auch über das Essen. Sie dagegen soll ihn verstehen, wenn er müde und mürrisch nach Hause kommt, soll ihm aufmerksam zuhören, wenn er von seinen beruflichen Sorgen spricht, und soll nicht ärgerlich, sondern verständnisvoll sein, wenn er ihren Geburtstag vergißt. Das alles aber ist nichts anderes als das gut geölte Verhältnis zwischen zwei Menschen, die sich ihr Leben lang fremd bleiben, die nie ein »zentrales Verhältnis« erreichen, sondern sich gegenseitig mit Höflichkeit behandeln und alles tun, damit der andere sich wohl fühlt.[9]

Ohne so satirisch wie Fromm sein zu wollen, meine ich, daß in diesem Beispiel Form und Inhalt einander gegenübergestellt werden. Wenn man sich so verhält, als ob einem am anderen etwas läge, so kann sich dies manchmal in echte Liebe umwandeln. Doch wenn man Ärger vermeidet, höflich und geduldig ist, obwohl es nicht seinen eigentlichen Empfindungen entspricht, so kann man dadurch die menschliche Reifung verhindern. Es ist traurig, aber wahr, daß Helfen so häufig darauf abzielt, Beziehungen zu »ölen«, statt die mangelnde Zuneigung dem bewußten Erleben zugänglich zu machen. Es ist natürlich verständlich, daß in vielen Situationen Hilfe vom Gesichtspunkt der Zweckdienlichkeit bestimmt wird. »Was kann ich bzw. können wir tun, um dem anderen zu einem bestimmten Maß an persönlichem Wohlbefinden zu verhelfen?« Ich sehe darin nichts Unrechtes.

Wirkliches Mitgefühl bewirkt oft Unbehagen und Verwirrung. Es läßt einen die Dinge klarer sehen, statt zu »ölen«. Es hat wenig Absichten und ist auf eine unscheinbare Weise wirksam, bei der das Ich der mitfühlenden Person in den Hintergrund tritt.

Das höchste Gut gleicht dem Wasser. Des Wassers Gutsein: Es nützt den zehntausend Wesen, aber macht ihnen nichts streitig. Es weilt an Orten, die die Menge der Menschen verabscheut, darum ist es nahe dem *Weg*.[10]

Mitgefühl ist die vollständige Widerspiegelung einer allumfassenden Harmonie. Es enthält, wie Fromm in Verbindung mit der Liebe schreibt, die Grundelemente der Fürsorge, der Verantwortlichkeit, des Respekts und des Wissens[11]. Entscheidend wichtig ist, ein Gefühl für andere zu haben, sich Gedanken darüber zu machen, was anderen passieren könnte oder ihnen tatsächlich passiert. Diese Anteilnahme ist nicht unbedingt mit persönlicher Zuneigung verknüpft.

Verantwortlichkeit heißt, ein feines Gefühl dafür zu haben, was du sagst und tust, ein unmittelbares Gespür für die Folgen deiner Worte und Handlungen, innerhalb wie auch außerhalb einer Beziehung. Das eigene Eingreifen wird dann als ein Faktor erlebt, der den ganzen Ablauf der Dinge mitbestimmt. Für alles, was geschieht, trägst du einen Teil der Verantwortung.

Der Respekt besteht darin, im anderen Menschen das Buddhawesen zu erkennen. Das heißt: zu sehen, daß eine moralische Überlegenheit nur oberflächlicher Natur ist. Der andere ist ebenso gut wie du. Wie unsauber, unhygienisch, arm, ungebildet und grausam er auch erscheinen mag, er ist es wert, daß du ihn respektierst. Er ist ebenfalls ein eigenständiger Mensch und hat seinen Platz in der Welt. Er hat einfach eine andere Natur.

Wissen ist gleichbedeutend mit Fürsorge und steht nicht im Widerstreit damit. Wenn dir an jemand oder an etwas gelegen ist, dann verspürst du den Wunsch, alle deine Fähigkeiten – einschließlich der intellektuellen – einzusetzen, um eine Situation zu erfassen und zu verstehen. Wissen kann ein wichtiger Aspekt des Mitgefühls sein, eine teilweise Widerspiegelung dessen, wieviel dir am anderen liegt. Es fördert die Beziehung zwischen dir und deinen Klienten, statt eine weitere Barriere zwischen dir und ihnen aufzubauen. Manchmal benutzt der professionelle Helfer sein Wissen, um den Patienten zu bluffen. Er maßt sich autoritative Erklärungen an, obwohl er die Situation nur vage wahrnimmt.

Mitgefühl heißt, im Einklang mit sich selber, den anderen und der ganzen Welt sein. Der mitfühlende Mensch verkörpert das Gute in einer absolut intuitiven und unreflektierten Weise. Er lebt in einer Harmonie, in der er sich dem anderen gegenüber öffnet und Liebe ausströmt, ohne nach einer Belohnung zu fragen. Er vermeidet es, andere als Handlanger für seine Zwecke zu benutzen. Die anderen sind für ihn vollkommen und bedürfen keiner Veränderung.

Der mitfühlende Mensch erreicht ein Gleichgewicht zwischen Innen- und Außenwelt, bis beide schließlich ineinander übergehen. Schwierig ist es, dieses Gleichgewicht wieder herzustellen:

Wie können wir eine Harmonie zwischen uns selber und der Außenwelt erreichen, einer Außenwelt, die voll ist von Mißverständnissen, Lug und Trug und Gewalttätigkeiten, von Leiden und Sterben derer, die wir lieben? Wie können wir diese Harmonie erreichen, wo wir doch selber voll sind von der gleichen Dummheit, Unlauterkeit, Grausamkeit und Erdverhaftetheit?[12]

Ein erster Schritt zu dieser Harmonie ist die Erkenntnis, daß wir es sind, die die Welt in den Farben unserer Habgier, Faulheit und Grausamkeit ausmalen, aber auch in den Farben der Liebe und Fürsorge. All dies ist das Werk des Menschen. Die Ungerechtigkeiten, die wir sehen und die uns so in Zorn versetzen, beginnen tief in unserem eigenen Inneren.

Wirkliches Mitgefühl erblüht immer wieder neu. Danach zu streben ist sowohl wichtig als auch belanglos. Es kann durch

Bemühung wachsen, entspringt aber keiner Mühe. Die Bemühung ist an das Ich gebunden; das Mitgefühl aber strömt ruhig und natürlich aus der Natur des Seins.

Das kleine Kind besitzt eine vollkommene und unterschiedslose Liebe für alle Dinge. Sobald es älter wird, nimmt es fälschlicherweise an, daß manche Dinge ihm freundlich, andere wiederum feindselig gesonnen sind.[13]

Seine Befürchtungen und ständigen Urteile formen sich zu Stereotypen und zu Wertsystemen, die immer gröber und allgemeiner werden. Es kategorisiert mit seinem Verstand und hat sich über die Mehrzahl der Phänomene ein abgeschlossenes Urteil gebildet. Es verschließt sich den Zugang zu Teilen seiner selbst, die es unter Umständen nie wieder vollkommen integrieren wird. Sie hüllen sich in schmerzliche Erinnerungen ein. Es verwendet dann viel Energie darauf, diese wunden Stellen vor ihnen zu schützen, von denen es argwöhnt, sie wollten auf ihnen herumtrampeln. Schließlich rückt immer mehr sein Bewußtsein der Unterschiedlichkeit, des Getrenntseins von der übrigen Welt, in den Vordergrund, statt ein Bewußtsein der Nähe zu den anderen, der Einheit mit ihnen.

Für den Menschen ist es also die größte Notwendigkeit, seine Abgesonderheit zu überwinden und den Kerker seiner Einsamkeit zu verlassen.[14]

Wenn wir diesen Kerker verlassen, stellt Furcht sich ein, aber wir entdecken auch das Mitgefühl.

5 Hier und Jetzt

In der Meditationspraxis ist das, was sich der Konzentration am meisten entzieht, das Jetzt. Alle Aufmerksamkeit richtest du auf das Einatmen und das Ausatmen. Die Tür öffnet sich und schließt sich. Du strebst nach diesem ruhenden Punkt der Gegenwart, mußt aber zusehen, wie er sich ewig dem Zugriff entzieht. Das Jetzt ist wie ein Fluß. Man kann sich die Finger naß machen, doch will man ihn mit den Händen ergreifen, fließt das Wasser durch.

Die Gefühle treiben in diesem Strom mit. Sie sind wie Baumstämme und Zweige, die bei ihrer Ankunft sorgfältig mit Wut, Habgier und Furcht etikettiert erscheinen. An jedem dieser Etiketten hängt noch ein weiteres mit der Aufschrift »schlecht und entsetzlich«. Wie ist die Energie beschaffen, bevor ich sie mit einem Etikett und einem Werturteil versehe? Ich versuche angestrengt, dies herauszufinden, doch der Strom fließt noch schneller.

Das Jetzt ist mit uns, entzieht sich aber immer unserem Zugriff. Sich in das Hier und Jetzt zu begeben klingt sehr einfach, ist aber in Wirklichkeit etwas sehr Schwieriges. Wir unterteilen unser Leben in eine Serie von Ereignissen und Geschehnissen, die wir als bedeutend oder als geringfügig betrachten. Wir leben unser Leben, indem wir uns auf die Ereignisse und Personen konzentrieren, die unserer Ansicht nach wichtig sind. Das Leben wird zu einer Reihe von Zeitlöchern, die durch gelegentliche große Ereignisse unterbrochen sind. Verliebtheit kann bedeuten, daß ich zwischen den Treffen mit der geliebten Person nur dahindämmere.

Andere Zeiträume und Augenblicke – Spuren der Vergangenheit und Schatten der Zukunft – drängen sich in unser Bewußtsein der Gegenwart. Manchmal sind sie klar und deutlich, häufig aber nur schemenhaft. Im Hier und Jetzt zu leben bedeutet nicht, Vergangenheit und Zukunft auszuschließen, sondern sich deren untergeordneter Stellung gegenüber dem gegenwärtigen Augenblick bewußt zu sein.

Die Vorstellung des *Jetzt* ... ist tatsächlich das Wesentliche der Meditation. Was man tut, was man zu üben versucht, soll nicht einen höheren Zustand erreichen oder eine Theorie, ein Ideal befolgen; man soll einfach ohne jeden Zweck oder Ehrgeiz versuchen, das zu erkennen, was hier und jetzt ist. Man soll des gegenwärtigen Augenblicks gewahr werden.[1]

Legen wir Ursache und Wirkung jeweils Zweck und Bedeutung bei, so kann uns das Frische und das Wertvolle eines jeden Augenblicks entgehen, das sich nur dann eröffnet, wenn man ihn als Teil einer Art kosmischen Puzzles sieht. Die Kluft zwischen meinen Vorstellungen von einer idealen Welt und meinen Werturteilen über das Geschehen um mich herum ist eine Ursache heftigen Leidens.

Im Hier und Jetzt zu leben ist ein Verhalten, das sich von der Zen-Erfahrung herleitet. Schuld- und Angstgefühle gehören der Vergangenheit und der Zukunft an. Je mehr ein Mensch auf Kosten des Lebens in der Realität der Gegenwart darüber brütet, wie das Leben hätte sein sollen oder wie es sein könnte, um so mehr leidet er.[2]

Ich entspreche ständig nicht den Standards, die ich mir selber setze, indem ich die gegenwärtige Situation einer Vorstellung von dieser Situation gegenüberstelle. Das Leben im Hier und Jetzt ist eine wichtige Disziplin, die uns dabei hilft, uns über dieses ständige Vergleichen und die damit verbundene Selbstbestrafung klar zu werden. Es ist der Unterschied zwischen der Frage: »Wie sollte ich mich fühlen?« und der Frage: »Wie fühle ich mich?«

Das Jetzt ist der einzige Zeitpunkt, in dem wir wirklich etwas ausrichten können. Ich kann wegen Vergangenem Schuldgefühle empfinden, dem Zukünftigen besorgt entgegenblicken, aber nur jetzt kann ich handeln. Die Fähigkeit, im gegenwärtigen Augenblick zu leben, ist ein Grundelement geistiger Gesundheit.[3] Wir bewundern üblicherweise bestimmte Personen wegen ihrer »Präsenz« und meinen damit zum Teil, daß sie im Jetzt verwurzelt zu sein scheinen, aus diesem Jetzt eine gewisse Würde ausstrahlen.

Wieweit können wir unsere Wahrnehmungen und Energien in das um uns herum Geschehende einbringen, genau in dem Augenblick, in dem es geschieht? Wieviel von dieser Energie versickert in Form von Ängsten und Befürchtungen? Es hat großen Wert, wenn ich dazu fähig bin, belanglose Sorgen und Ängste im Hinblick auf Vergangenes und Zukünftiges aus dem Bewußtsein zu schaffen. Viele gegenwärtige Wahrnehmungen tragen so sehr den Stempel vergangener Erfahrungen, daß ich einen bestimmten Menschen kaum so sehen kann, wie er ist. Meine Beobachtungen sind häufig durch die Schatten und Widerspiegelungen bedeutender Personen und Ereignisse in meinem Leben verzerrt.

Vor kurzem habe ich die Gewohnheit angenommen, eine bestimmte Studentin im Aufenthaltsraum zu meiden. Ich spüre, daß sie im Umgang mit mir verbittert und wütend ist. Jedesmal, wenn wir uns treffen, bringe ich diese Überzeugung und Erinnerung mit. Ich fühle mich verletzt und reagiere wütend und autoritär, gleichzeitig bin ich aber den Tränen nahe. Meine Wut scheint sie in ihrer Verbitterung nur noch mehr aufzustacheln.

Ich sehe sie kaum. Sie wird zu einem lebenden Symbol für die Tausende Male, bei denen die Leute unfreundlich und ungerecht zu sein schienen. Ich bestrafe mich selber, weil ich mir »unvernünftig« und »unfair« vorkomme. Es fällt mir schwer, ihr zu sagen, wie ich die Sache sehe (mittlerweile habe ich es getan) und mir anzuhören, wie sie darüber denkt. Es kann doch nicht sein, daß diese Ausgeburt an Wut und Verbitterung etwas mit mir zu tun haben soll. Ich will meine Augen und Ohren so lange schließen, bis alles vorüber ist.

Häufig fällt es mir schwer, bestimmte Leute auch nur zu hören. Sie sprechen auf einer für mich besonders schmerzlichen Wellenlänge, so daß ich gefühlsmäßig abschalte. Sie kratzen an der Oberflächlichkeit bestimmter Vorstellungen, die ich zu übermitteln versuche. Oft habe ich so viele Nebengeräusche und persönliche Werbesprüche in mir, bin ich innerlich so unruhig, daß ich ihre Worte und Gefühle kaum hören kann. Meine Aufmerksamkeit wird durch persönliche Probleme oder durch spielende Kinder vor dem Fenster abgelenkt, oder ich bin einfach gelangweilt durch das, was ein Klient sagt.

Die Klienten sind nicht dazu da, mich ununterbrochen auf verschiedene Art zu amüsieren, meine Neugier oder mein Interesse anzustacheln. Sie sind da, um von mir Hilfe zu bekommen. Dennoch teile ich ihnen meine Langeweile eventuell auf nichtverbalem Weg mit. Gegenüber mehreren Klienten – vor allen Dingen in Gruppensituationen – habe ich offen zugegeben, daß mich das Gespräch mit ihnen langweilt.

Daß ich mich langweile, liegt hauptsächlich an mir. Es fällt immer schwer, die Verantwortung für unangenehme Dinge selber zu übernehmen, statt sie auf andere abzuwälzen, zu sagen: »Ich bin gelangweilt«, statt zu sagen: »Ich finde dich langweilig.« Im ersten Fall schiebe ich mir – wenn auch stillschweigend – die Verantwortung selber zu, im zweiten Fall gebe ich dem anderen die Schuld. Eine Klientin war ganz erleichtert, als ich ihr gegenüber meine Langeweile äußerte. Sie sagte: »Ich bin froh darüber, daß Sie mir gesagt haben, daß ich Sie langweile. Ich habe schon gedacht, Sie hätten nichts Menschliches an sich.«

Gutes Zuhören geschieht ganz im Hier und Jetzt. Der Zuhörer hat keine vorherigen Entscheidungen getroffen oder seine Beziehung zum anderen in irgendeiner pedantischen Weise definiert. Hierzu Carl Rogers:

Mir scheint, daß der Therapeut nur dann die große Stärke der Fähigkeit und Kapazität des Individuums zur konstruktiven Handlung erkennt, wenn er voll und ganz einverstanden ist, daß *jede* Möglichkeit, *jede* Richtung gewählt wird. Wenn er damit einverstanden ist, daß unter Umständen auch der Tod gewählt wird, dann wird das Leben gewählt werden; wenn die Neurose ebenfalls zur Wahl steht, dann wird die gesunde Normalität gewählt. Je vollständiger er nach seiner zentralen Hypothese handelt, desto überzeugender ist der Beweis, daß die Hypothese stimmt.[4]

Dieses Zuhören ist weitaus mehr als lediglich das Fehlen von Lauten von seiten des Zuhörers, wie auch der Frieden mehr ist als nur das Fehlen von Krieg. Chögyam Trungpa beschreibt drei Formen des Zuhörens:

In einem Fall wandert der Geist so sehr, daß überhaupt kein Raum für irgendetwas da ist, was gesagt wird. Dieser Zuhörer ist nur rein physisch anwesend. Von diesem Typus wird gesagt, daß er wie ein Topf sei, der mit der Öffnung nach unten gewendet wird. In einem weiteren Fall stellt der Geist ein wenig eine Verbindung zu dem her, was gesagt wird, aber eigentlich wandert er immer noch umher. Als Analogie wird ein Topf mit einem Loch im Boden herangezogen. Was du auch immer hineingießt, es sickert auf der Unterseite heraus. Im dritten Fall enthält das Denken des Zuhörers Aggression, Eifersucht, Zerstörungswut jeglicher Art. Dieser Zuhörer hat gemischte Gefühle in bezug auf das, was gesagt wird, und kann es nicht wirklich verstehen. Der Topf ist nicht mit der Öffnung nach unten gekehrt, er hat auch kein Loch im Boden, aber er ist nicht richtig saubergemacht worden. Er enthält Gift.[5]

Viele der Fragen, die ein Helfer stellt, enthalten Annahmen darüber, wie die Antwort beschaffen sein soll. Andy Warhol hat einmal zu einem Fernsehinterviewer gesagt: »Sagen Sie mir klipp und klar, welche Antworten Sie haben wollen, und ich werde sie Ihnen wiederholen...« Ein Fragen und Zuhören, bei dem die Antworten nicht oder höchstens minimal vorstrukturiert sind, ist hohe Kunst.

Einmal schrieb ich zusammen mit einer Freundin, die körperlich sehr behindert war, an einem Buch. Diese Freundin, Anne, war eine Schönheitskönigin gewesen, bis sie durch einen Autounfall gelähmt wurde. Ich fragte sie sehr behutsam, was es denn für ein Gefühl sei, so stark behindert zu sein.

»Es ist lustig«, erwidert sie.

»Aber du kannst doch nicht im Ernst...«

»Doch, doch. Als ich noch ein kleines Mädchen war, träumte ich immer davon, daß ich eine Märchenprinzessin sei, die von vorne und hinten bedient wird. Das ist auch wahr geworden.«

»Du mußt doch aber Schmerzen haben und viele Nachteile einstecken.«

»Klar. Siehst du, wenn ich nicht diesen Autounfall gehabt hätte, wäre das Leben sehr viel anders geworden, aber nicht unbedingt besser. Auf diese Weise bin ich gezwungen worden, mich näher mit mir zu beschäftigen, über mich nachzudenken. So bin ich ein innerlich starker Mensch geworden.«

Ich hörte Anne nicht zu. Sie versuchte mir etwas zu erzählen, was sich mit meinen Vorstellungen von körperlich behinderten Menschen überhaupt nicht deckte. Sie gab mir Antworten, die außerhalb des von mir Erwarteten lagen. Sie forderte mich auf umzulernen – und das ist immer sehr schmerzlich.

Hilfreiches Zuhören besteht darin, daß man einfach zuhört. Es ist eine Form der Meditation, bei der statt des Atems oder des Mantras der Sprecher zum Gegenstand der Konzentration wird. Der Helfer richtet seine Aufmerksamkeit auf den Klang der Stimme des Sprechers und auf die mögliche Bedeutung seiner Worte.

Im Hier und Jetzt sein läßt keine Tür zugehen. Eine Offenheit ist darin, die Ängste und Erwartungen beiseite wirft. Du öffnest dich gegenüber Risiken, Lernprozessen, Erfahrungen und Interpretationen. Du erklärst: »Ich bin bereit, dich mit neuen Augen zu sehen. Ich möchte dem, was du sagst oder tust, keine Grenzen auferlegen.«

Maslow schreibt:

Was für einen selbst gut ist, findet man heraus, indem man sorgfältig und mit taoistischer Gelassenheit auf seine inneren Stimmen hört, um sich von ihnen formen, führen und leiten zu lassen. Der gute Psychotherapeut hilft seinen Patienten auf dieselbe Weise: er hilft ihnen, ihre eigenen nahezu unhörbar gewordenen Stimmen zu hören und – getreu Spinozas Prinzip, daß die wahre Freiheit im Annehmen und Lieben des Unvermeidlichen, der Natur der Realität, besteht – die schwachen Befehle ihrer eigenen Natur zu vernehmen.

Was für die Welt richtig ist, findet man auf die gleiche Weise heraus, nämlich indem man ihrer Natur und ihren Stimmen lauscht, indem man für ihre Forderungen und Anregungen empfänglich ist, indem man so still ist, daß ihre Stimmen gehört werden können, indem man eine aufnahmebereite, nicht einmischende, nicht fordernde, sondern gewährende Haltung einnimmt.[6]

Ich hatte ein wirklich harmonisches Verhältnis zu einem Mann, der gerade von seiner Frau und seinen Kindern verlassen worden war. Sein körperlicher Gesundheitszustand hatte sich in den letzten Jahren zunehmend verschlechtert, so daß seine Beweglichkeit und seine Lebensfreude erheblich eingeschränkt waren. Tiefste Depressionen überfielen ihn. Er hatte schon mehrere Male versucht, sich das Leben zu nehmen. Einmal sprach er mit mir ziemlich lange über Selbstmord. Eine Frage, die er wiederholt mit Nachdruck stellte, war: »Können Sie irgendeinen Sinn darin sehen, daß ich noch weiterleben soll?«

Ich ging einer Antwort aus dem Weg. Ich nahm alle psychotherapeutischen Tricks zu Hilfe. »Wie kann ich die Antwort darauf wissen? Sie müssen sich den Sinn für Ihr Weiterleben selber suchen.« Aus meinem Hier und Jetzt konnte ich zwar jeden Grund für seinen Wunsch zu sterben verstehen, aber »Sozialarbeiter dürfen solche Dinge nicht offen aussprechen. Dies könnte sich als destruktiv erweisen«.

Dieser Mann wollte eine ehrliche Antwort von mir. Ich dachte tief über sein ganzes Leben nach – über seine Depressionen, seine Armut, seine nachlassende Gesundheit und den Verlust seiner Familie. Schließlich sagte ich: »In Ihrem Fall sehe ich keinen Grund für Sie zum Weiterleben. Ich kann klare Gründe dafür erkennen, daß Sie sterben wollen.«

Ich hatte Angst. Es kam mir äußerst riskant vor, so etwas zu ihm zu sagen. Welche Verantwortung würde mir zufallen, wenn er sich schließlich töten würde? Was würde ich dann empfinden? Wie würde er auf meine Antwort reagieren? Meine Gedanken schwirrten in die Zukunft und spielten allerlei komplizierte Möglichkeiten durch. Monate später, als seine Depressionen weitgehend nachgelassen hatten, sagte er mir, daß meine Antwort ihm geholfen hätte. Zu einer Zeit, als jeder einfach gedankenlos mit Mitleid und Sympathie zu reagieren schien, brauchte er auf diese wichtige Frage dringend eine ehrliche Antwort.

Jahre später arbeitete ich als freiwilliger Helfer in einem

Kindergarten in Islington. Es war Mittagessenszeit, und die Kinder erhielten gerade ein gekochtes Essen auf ihren kleinen Tischen. Während das Essen serviert wurde, fingen die Kinder spontan zu singen an. Schon bald waren alle Kinder – westindische und englische – fröhlich am Singen. Die mit der Aufsicht beauftragte Kindergärtnerin sagte freundlich, aber bestimmt: »Ihr könnt nach dem Essen singen, Kinder, aber nicht jetzt. Das ganze Essen wird sonst kalt und ungenießbar.« Die Kinder hörten daraufhin auf zu singen. Eine halbe Stunde später fing dieselbe Kindergärtnerin mit dem Singen von Kinderliedern an. Sie sang aber allein. Der Augenblick für die Kinder war verpaßt. Sie hatten sich mittlerweile dem Spiel mit Bauklötzchen und Puppen zugewandt. Da drehte sich die Kindergärtnerin zu mir und sagte: »Sind Kinder nicht widerspenstig? Sie tun nie das, was man von ihnen verlangt.« Im Gegensatz zu sonst schwieg ich. Diese kleinen Kinder, die alle unter fünf Jahre alt waren, waren ganz und gar eingetaucht ins Hier und Jetzt. Sie hatten singen wollen, als es – für die Erwachsenen – unbequem gewesen war. Eine halbe Stunde später hatte sich dieser Wunsch vollkommen verflüchtigt.

Eine andere Lektion erteilte mir ein Kind in Luton. Ich ging gerade langsam neben einer Mutter und ihrem kleinen Kind her. Es war ein schöner kalter Wintermorgen. Neben uns war ein Streifen Grün, auf dem einige Schneeflocken lagen. Die Augen des kleinen Kindes weiteten sich vor Erregung, und es versuchte, seine Mutter zum Stehenbleiben zu bringen. »Guck mal, Mutti, diese schönen Blumen.« Ich blieb stehen und konnte sie auf die Erklärungen des Kindes hin sehen. Mutti aber – belastet mit dem Gewicht ihrer Einkaufstüten und getrieben von der Angst, den Bus zu verpassen – war nicht so recht ansprechbar. Sie zog ihr Kind, das laut protestierte, mit sich, und bestieg ein paar Minuten später den Bus. Keiner von beiden hatte die Zeit, sich an den Schneeflocken zu erfreuen.

Die Kunst der Kinder, vollkommen in der Gegenwart aufzugehen, ist für Erwachsene schwer nachvollziehbar. Ich ertappe mich oft dabei, wie ich Kinder dabei beobachte, wie sie auf

Schneeflocken schauen, und sie beobachte in einer Weise, die mich von der übrigen Welt isoliert. Ich ertappe mich auch dabei, wie ich mich bei dem Versuch beobachte, anderen zu helfen.

Eine der diffizilsten Fähigkeiten in der Gruppenarbeit besteht darin, einfach bei dem zu bleiben, was Gruppenmitglieder tun und sagen. Als Gruppenleiter hat man die Aufgabe, dem Antrieb der Gruppe zu folgen und zu vermeiden, die Mitglieder aus dem Blickwinkel der eigenen Interpretationen und Erwartungen zu sehen. Während ich ruhig dasitze und jemanden beobachte, wie er sich mit seinen persönlichen Problemen auseinandersetzt, schwirren in meinem Kopf Vergleiche mit früheren Erfahrungen herum. »Ist sie nicht so wie damals diese und jene? Vielleicht hat sie eine schlechte Beziehung zu ihrem Bruder gehabt und ist deshalb so, wie sie jetzt ist...«

Im Hier und Jetzt zu sein bedeutet, daß man gerade solche Intellektualisierungen von sich abwirft, wenn der Klient eine unvermutete Richtung einschlägt. Wie oft schon habe ich einen armen Klienten gezwungen, von seinem eigenen Weg zur Selbsterkenntnis abzukommen, nur weil ich starr an meiner Vorstellung von dem, was er tun *sollte,* festhielt! Ich setze meine Macht ein, um das, was ich glaube, wahr zu machen – vermutlich aber zum Schaden des Klienten.

Helfen bietet sich als ein Markt für diejenigen an, die überall woanders sein wollen, nur nicht im Hier und Jetzt. Pascal beschreibt dies sehr genau:

Niemals halten wir uns an die Gegenwart. Wir nehmen die Zukunft vorweg, als käme sie zu langsam, als wollten wir ihren Gang beschleunigen; oder wir erinnern uns der Vergangenheit, um sie aufzuhalten, da sie zu rasch entschwindet: Torheit, in den Zeiten umherzuirren, die nicht unsere sind, und die einzige zu vergessen, die uns gehört, und Eitelkeit, denen nachzusinnen, die nichts sind, und die einzige zu verlieren, die besteht, nämlich weil es die Gegenwart ist, die uns gewöhnlich verletzt.[7]

Sie verletzt uns hauptsächlich deshalb, weil wir uns nach anderen Zeiten und Orten sehnen. Wir verlangen nach einem besseren beruflichen Status, nach mehr Geld, nach weniger zu bearbeitenden Fällen. Unsere Klienten sehnen sich nach mehr Geld und nach besseren Unterkünften in einer erfreulicheren Umgebung. Da die Mehrzahl mit ihrer Habgier Erfolg hat, sind die Hilfsmöglichkeiten in unverantwortlicher Weise verteilt. Unser Leben wird zu einer Reihe lose zusammenhängender »Wenn doch nur«-Erfahrungen. »Wenn ich doch nur die Zeit hätte, dieses oder jenes zu tun...« »Wenn ich doch nur das Geld hätte, um dieses oder jenes zu kaufen...« Solche Wünsche dienen hauptsächlich dazu, unser Ich aufzublähen.

Wenn ich ein Wohnheim, eine Sozialdienststelle oder eine freiwillige soziale Organisation besuche, frage ich gewöhnlich, was die Leute machen. Wie verbringen sie den Tag, die Arbeitswoche? Ich bekomme selten eine Antwort, die sich direkt auf meine Frage bezieht. Normalerweise bekomme ich ein buntes Gemisch von Träumen und Zukunftsvisionen zu hören, die tiefe Frustrationen und Enttäuschungen überdecken sollen.

Es fällt den Leuten schwer zu sagen, was sie gegenwärtig tun. Sie beschreiben vielmehr, was in ein paar Monaten oder ein paar Jahren passieren könnte. Besonders in Wohnheimen wird um gelegentliche Besucher ein Netz von Phantasien gewoben. Die gegenwärtige Aktivität erscheint unerträglich, weil sie so kraß an den Visionen vorbeigeht, die der Sozialarbeiter braucht.

In den ersten Monaten unseres von der Regierung geförderten Forschungsprogramms zum Thema Obdachlosigkeit bei jungen Menschen machten wir eine sehr schwierige Phase durch. Wir interviewten Obdachlose, die neu in die Innenstadt von London kamen. Diese Neuankömmlinge gaben uns ständig unrichtige Informationen. Wir stellten ihnen Fragen und mußten später feststellen, daß viele ihrer Antworten Fantasien oder Hirngespinste waren. Wir hatten damit gerechnet, daß es uns eine ganze Menge Zeit kosten würde, die Informationen auf ihren Wahrheitsgehalt zu überprüfen, aber nicht so lange, wie es jetzt notwendig schien.

Ich war verwirrt. Es hatte beinahe den Anschein, als ob diese jungen Menschen das von mir so geschätzte Forschungsprogramm bewußt sabotierten. Wir stolperten ständig über das Problem der unrichtigen Informationen. Dann dämmerte uns ganz langsam, daß das, was uns andauernd zu Fall brachte, selber von großer Bedeutung war. Warum verwendeten wir nicht viel mehr Zeit darauf, dieses Problem zu untersuchen – die in den Interviews erhaltenen Lügen und Verzerrungen genauer zu überprüfen – statt seine Existenz zu verfluchen?

In einem anderen Forschungsprojekt befaßten wir uns mit den Problemen obdachloser Familien in St. Albans. Das bedeutete, daß wir ziemlich eingehend untersuchten, wie gut die Sozialbehörde in dieser Stadt funktionierte. Wir stellten Fragen wie: Was geschah mit obdachlosen Familien? Auf welche Weise gingen die Sozialarbeiter an dieses Problem heran?

Wir hatten den Eindruck, daß die Sozialbehörde zwar sehr bemüht war und das Problem der Obdachlosigkeit in dieser Stadt eingehend diskutierte, daß aber nur wenig effektive Aktionen daraus resultierten. Als ein Grund dafür wurde angegeben, daß sich die Sozialarbeiter »vor Depressionen gelähmt« fühlten. Ein anderer Grund aber stand in Beziehung zum Hier und Jetzt. Diese Sozialarbeiter konnten die gewaltigen Unterkunftsprobleme und die Verzweiflung der Obdachlosen sehen, waren aber nicht fähig, zwischen den Dingen zu unterscheiden, an denen sie jetzt etwas ändern konnten, und denen, bei denen sie praktisch nichts ausrichten konnten.

Der mangelnde Antrieb in unserer gegenwärtigen Aktivität behindert effektive Veränderungen, statt sie zu fördern. Eine wichtige Voraussetzung für Veränderungen ist ein ausgeprägtes Feingefühl für das, was *jetzt* geschieht – so schmerzlich es auch sein mag. Wenn ich wirklich erkenne, was die Ereignisse formt, wie die gegenwärtigen Enttäuschungen und Maßnahmen beschaffen sind, und dies jetzt akzeptiere, dann können Veränderungen einsetzen.[8]

In der westlichen Gesellschaft werden wir ständig dazu angehalten, uns von der Gegenwart geistig wegzubegeben. Wir haben Angst vor Langeweile. Wir lernen, uns im Übermaß zu beschäftigen, mehrere Dinge gleichzeitig zu tun. Am wohlsten fühlen wir uns, wenn wir von Arbeit total in Anspruch genommen sind. Unser Geist spaltet sich in verschiedene Richtungen. Wir beobachten uns selber mit versteckter Konzentration. Wir formulieren sorgfältig unsere Worte vor, ehe wir sie laut zu unserem Gesprächspartner sagen. Wir wählen sie danach, was als sozial akzeptabel gilt. »Wie wird das, was ich sage, das Bild, das sich die anderen von mir machen, beeinflussen?« Mit einer solchen Aktivität geht es uns mehr darum, jemand zu werden, als jemand zu sein. Wir lernen, uns zu verpacken, ein bestimmtes Image zu pflegen, statt einfach zu sein.

> Wenn ich einen langen Spieß mit
> Rollen,
> Handlungsweisen
> und Gedanken
> verschlucke,
> so werde ich
> nur vorübergehend
> die Leere in meinem Inneren füllen.

Die Handlungen und Ereignisse in unserem Leben werden an irgendeinem umfassenden persönlichen Plan gemessen, der erfüllt wird oder fehlschlägt. Wir tun Dinge, um Status, Liebe oder Macht zu erreichen. Wir lernen, andere zu manipulieren und die sozialen Kosten für verschiedene Handlungen auf ein Minimum zu drücken, indem wir nicht die Verantwortung für sie übernehmen. Unsere meiste Aktivität wird zu einem wesentlichen Bestandteil eines solchen Lebensplans. Das Leben wird vergleichbar mit numerierten Punkten, die Kinder mit einem Bleistift verbinden und die sich dann als der Umriß eines Esels oder eines Kamels entpuppen.
Die Umrisse, die wir zeichnen, sind Formen des Ich. Sie verbinden unsere Handlungen und die anderer zu einer Image-

und Ichkonzeption. Die Wahrnehmung unseres Ich und unserer Rolle gibt uns einige Sicherheit in einer Welt, die viele Gefahren zu enthalten scheint. Wir sichern uns gegen Überraschungen ab, indem wir Drehbücher und Geschichten in unser Leben schreiben. Wir bieten Erklärungen unser selbst an. Wir machen uns ein in sich stimmiges Bild von anderen und werden ärgerlich, wenn sie aus dem Rahmen fallen. Diesen Prozeß können wir entschieden an seinen angemessenen Platz zurückverweisen:

Wir sind nur scheinbar eine Einheit, ein Strom von unzähligen Ichs, die einander wie eine Reihe kinematographischer Bilder folgen, so schnell, daß sie ein kontinuierliches Ganzes zu sein scheinen.[9]

Diese Illusion von Form, Festigkeit und Kontinuität ist das, was wir Ich nennen. Leben im Hier und Jetzt besteht darin, daß der Beobachter und das Beobachtete nicht wie durch eine Blase voneinander getrennt sind. Das Bewußtsein eines Ich fehlt. Die wesentliche unmittelbare Erfahrung ist das Jetzt, die Einheit zwischen dem Helfer und demjenigen, dem er hilft.

Buddha erzählte in einem Sutra eine Parabel. Ein Mann, der über eine Ebene reiste, stieß auf einen Tiger. Er floh, den Tiger hinter sich. Als er an einen Abgrund kam, suchte er Halt an der Wurzel eines wilden Weinstocks und schwang sich über die Kante. Der Tiger beschnupperte ihn von oben. Zitternd schaute der Mann hinab, wo weit unten ein anderer Tiger darauf wartete, ihn zu fressen. Nur der Wein hielt ihn. Zwei Mäuse, eine weiße und eine schwarze, machten sich daran, nach und nach die Weinwurzel durchzubeißen. Der Mann sah eine saftige Erdbeere neben sich. Während er sich mit der einen Hand am Wein festhielt, pflückte er mit der anderen die Erdbeere. Wie süß sie schmeckte![10]

Welch großartiges Aufgehen im Hier und Jetzt!
Basho, der große japanische Dichter, gab den folgenden Ratschlag:

Geh zur Kiefer, wenn du etwas über die Kiefer lernen willst, oder zum Bambusbaum. Dabei darfst du dich aber nicht in Gedanken mit dir selber beschäftigen, sonst drängst du dich dem Objekt auf und erfährst nichts darüber. Deine Gedichte entströmen dir von selbst, wenn du und das Objekt Eins geworden sind – wenn du tief genug in das Objekt eingetaucht bist und in ihm so etwas wie ein verstecktes Leuchten entdeckt hast. Wie gut du in deinen Gedichten die Worte auch wählen magst, wenn dein Empfinden nicht natürlich ist – wenn das Objekt und du getrennt sind –, dann sind deine Gedichte keine wahren Gedichte, sondern nur subjekte Verfälschungen.[11]

Vor einigen Jahren nahm ich an einer dreitägigen intensiven Zen-Meditation teil. Jeden Tag gingen wir – in einem abgelegenen Herrschaftshaus in Sussex – um Mitternacht zu Bett und wurden um 5.45 Uhr morgens vom Schlag eines Gong geweckt. Den ganzen sehr langen Tag verbrachten wir damit, im Garten zu arbeiten, meditierenderweise spazierenzugehen oder einem anderen Schüler gegenüberzusitzen, der ebenso wie man selber mit einem Koan kämpfte. Jeder erhielt ein Koan vom Meister. Mein Koan lautete: »Was bin ich?«
Ich versuchte, die Frage im Kopf zu behalten, aber sie entschwand mir immer wieder. Sie schwirrte in meinem Kopf umher, wurde aber ständig durch andere Gedanken, die mir wie Sternschnuppen dazwischenschossen, gestört. Ich verbrachte wahrhaftig Stunden über Stunden damit, in die Augen eines anderes Schülers zu sehen und die Frage »Was bin ich?« zu beantworten. Den ganzen ersten Tag über schmerzten meine Beine und mein Rückgrat. Meine Gesäßbacken wurden ganz taub. Mein Körper tat mir so sehr weh und war so steif, daß es mir schwerfiel, mich überhaupt auf die Fage zu konzentrieren. Was immer wir auch taten – ob wir aßen, spazierengingen oder arbeiteten –, wir mußten in Gedanken eisern bei der Frage bleiben. Bei meinen ersten Beantwortungsversuchen kamen mir allerlei attraktive, aber unsinnige Dinge in den Sinn. Mir schwindelte, weil ich voll war von Bildern und Symbolen, von Meeresküsten, Berggletschern, Kristallen und langsam sich öffnenden Blumen. Dann machte ich eine Phase mit Ungeheuern durch – mit schwarzen Mänteln, lauernden Schatten und äußerster Schwärze. All dies waren in einer gewissen Hinsicht Teile von mir, aber nicht das Ganze.
Gedanken an meine Familie und meinen Beruf überschwemm-

ten mich. Ich versuchte, mein schmerzendes Rückgrat aufrecht-
zuhalten. Die Antworten wurden noch blumiger und poeti-
scher. Sie bestanden aus leuchtenden, aber seichten Bildern.
Sie wirkten parfümiert und waren zu klug, um wahr zu sein,
etwa: »Ich bin eine Frage, die in einem leeren Geist wider-
hallt.« In meinem Kopf wurde es dunkel. Ich beneidete die
Eichhörnchen, die draußen auf dem großen Rasen spielten.
Was sie taten, hatte mehr Sinn als der Versuch, lächerliche
Fragen zu beantworten.
Ich erkannte plötzlich, daß ich eine Kerze war, eine kleine,
ziemlich unbedeutende flackernde Kerze. Doch die nächste
Frage war: »Wer hat die Kerze angezündet?« Wie konnte ich
beides sein – die Kerze und derjenige, der sie anzündet? Mein
Verstand rebellierte heftig angesichts dieses seltsamen Wider-
spruchs. Arme und Beine waren angespannt, mein Kinn war
steif und meine Zähne waren schmerzhaft aufeinandergepreßt.
Ganz plötzlich aber war das Bild von einer Kerze, an dem ich
festzuhalten versucht hatte, verschwunden.
Ich betrachtete mich genau. Ich war ein Knoten. Mein ganzer
Körper und mein Geist hatten sich verspannt und waren fest
geworden. Wer aber zog den Knoten zusammen? Wer war für
diese Anspannung und Frustration verantwortlich? Natürlich
wußte ich, wer die Kerze angezündet und wer den Knoten
zusammengezogen hatte. Keiner hatte sich mehr als ich
bemüht, das Problem zu lösen und den Knoten zu lockern.
Alles kam mir einfach unfair vor. Die Frage war eine
Trickfrage, auf die es eigentlich gar keine Antwort gab. Der
Versuch, eine Antwort zu finden, war wie der Versuch,
Sonnenstrahlen zu fangen. Ich erinnerte mich, wie ich als
kleiner Junge meine Jacke über Sonnenstrahlen auf dem Gras
geworfen hatte.
Ich kam mir nun verloren vor. Alles wurde undurchsichtig. Ich
ballte meine Fäuste, erst aus Ärger und dann aus Verzweiflung.
Ich antwortete: »Ich bin jemand, der diese Frage nicht
beantworten kann.« Die Frage rollte in meinem Kopf umher
wie eine verirrte Kegelkugel. Es fiel mir zunehmend schwerer,

mich zu konzentrieren. Ich begann mich zu überzeugen, daß ich nicht mehr klar genug denken konnte, um eine Antwort zu erhalten. In meinem Kopf war alles verschwommen. Vielleicht in der nächsten Reinkarnation ...

Draußen wich der Winternachmittag der Dunkelheit. Ein beißend kalter Wind wehte. Ich ging in einem sehr großen und hohen Stall auf und ab. Meine Schritte beschleunigten sich, und ich trat nach Holzstücken und Steinen. Immer und immer wieder überkam mich mit der Regelmäßigkeit eines Pendels die Frage: »Was bin ich? Was bin ich?« Ich sprach die Worte immer lauter aus, und schließlich entrang sich meinem verkrampften Mund ein Wutschrei. »Was bin ich? Ich bin ein verdammter Idiot, der nicht weiß, was er ist, der noch nicht einmal eine einfache Frage beantworten kann.« Ich schrie immer lauter und lauter. Der Regen und der Wind trugen meine Schreie zurück zu mir. Diese schlaksige, schreiende und verkommene Figur im Stall schlug mit den Fäusten in die Luft. Jeder Muskel in mir war angespannt. Ich hatte das Gefühl, als würde ich gleich explodieren.

Genau in dem Augenblick, als sich die Frustration in mir entlud, als Regen, Wind und Zorn ihren Höhepunkt erreichten, wurde ich mir ganz leise bewußt, daß ich die Antwort eigentlich schon in der Hand hielt. Sie hatte wie ein alter und diskreter Freund die ganze Zeit über geduldig darauf gewartet, von mir eingelassen zu werden. Jetzt trat er ein, und mein ganzer Körper entspannte sich und sprang hoch. Ich empfand ein wohliges und warmes Gefühl. JETZT war ich jetzt – die Antwort war JETZT. Ich bin/war/werde sein alles, was sich entfaltet und sich bewegt, denkt, fragt und spricht – und zwar genau in diesem Augenblick. Diese Erkenntnis war weitaus mehr als nur rein intellektueller Natur. Sie badete mich in meiner Güte und Wärme, in der Güte und Wärme eines jeden Menschen – hier und jetzt. Ich rief freudig: »Jetzt! Jetzt! Jetzt!« Ich und die Frage waren Freunde geworden.

Diese Erfahrung ist mir unvergeßlich geblieben, auch wenn sie nicht lange anhielt. Ich versuchte unklugerweise, das, was von ihr übriggeblieben war, festzuhalten, und wurde traurig, als sich die alten Trennungen und meine Isoliertheit wieder in meinem Inneren breitmachten. Ich sehne mich sehr danach, diese Erfahrung wieder zu machen. Ich möchte – wenigstens nur für einen kurzen Augenblick – wieder ganz sein. Ich möchte von dem Hier und Jetzt vollkommen durchdrungen werden, so daß ich mich selber nicht mehr beobachte.

Überall um mich herum führen Kinder mir gerade dies vor. Sie betrachten die Schneeflocken. Sie freuen sich am Seilspringen, fahren auf ihren Rollschuhen, trinken Orangenlimonade und essen Eis, während ich mich beobachte, wie ich ihnen zusehe, und dabei unglücklich bin.

6 Taoistische Veränderung

Wenn du dich ändertest,
würde ich dich
wahrscheinlich mögen.
Warum also
gehst du nicht
das Risiko ein?

Zunehmend werden wir uns dessen bewußt, daß das westliche Denken von natürlichen Prozessen und lebendigen Erfahrungen weitgehend entfremdet ist. Erst in allerletzter Zeit – größtenteils durch den Einfluß der Ökologie und das Problem der Umweltverschmutzung – sind wir daran erinnert worden, daß wir ein Teil der Natur sind. Früher hatten wir gelernt, uns als vollkommen außerhalb der Welt zu betrachten. Die Welt umgab uns zwar, doch reichte sie irgendwie nicht in uns hinein. Unser ganzer Lebensstil ist geprägt durch Getrenntheit, Zurückgezogenheit, Betonung des eigenen Ich, Unterscheidungen und Besitz. Unsere Sprache ist gesättigt mit Worten wie »Ich« und »mein«.

Wir versuchen, uns vom Außen abzusondern, und dies bildet eine Art übergroßer Luftblase in uns, die aus nichts anderem als Luft und Wasser besteht oder in diesem Fall aus Angst und Widerspiegelung des Außen. Die große Blase läßt keine frische Luft eindringen – es ist das Ich, das Ego.[1]

Dieses Ich ist hart und maskulin. Es dringt ein und läßt nichts in sich eindringen. Es verkörpert die Energie, die man zum Holzfällen braucht, aber nicht die Energie für das Surfen. Es kämpft mit dem Leben, statt sich vom Leben tragen zu lassen. Seine entscheidenden Qualitäten liegen im Organisieren und Gestalten, nicht in der Flexibilität und Geschmeidigkeit. Charles Reich beschreibt das westliche Bewußtsein des 20. Jahrhunderts mit den Worten: »(Es entspricht) den menschli-

84

chen Bedürfnissen am ehesten . . ., den Erfahrungen überlegen als ihnen unterworfen zu sein. Die *wahre* Erfahrung, das *echte* Erlebnis besteht darin, daß man ihm überlegen ist, und nicht, daß man ihm offen und schutzlos gegenübertritt . . .«[2]

Ein Leserbrief an die Zeitschrift *New Society* verdeutlicht diesen Prozeß. Der Verfasser dieses Briefs beschreibt die Entwicklung eines Kinderspielplatzes in Brighton:

Als man die Eisenbahnverbindung nach Kempton stillegte, wurden die Durchstiche für die Eisenbahn zu den perfekten natürlichen Spielplätzen für die umwohnenden Kinder, die sich Lager in den Kreideboden bohrten und sich Hütten und Schaukeln in die Bäume bauten. Vom Eisenbahnverkehr unbehelligt rutschten sie die Böschungen auf Wellblechstücken hinunter oder sie wälzten sich einfach im langen Gras herum.

Dann hatte der Gemeinderat von Brighton die großartige Idee, das Gelände für den Eisenbahndurchstich zum Zweck eines dringend benötigten Kinderspielplatzes zu nutzen. Die Bulldozer kamen, alle Büsche und Bäume wurden abgeschlagen, und es blieben mehrere Morgen dürren Kreidebodens. Das ganze Gelände wird gegenwärtig mit einem Drahtzaun umgeben, auf dem Schilder mit dem Hinweis »Betreten verboten« angebracht sind. Zu keinem Zeitpunkt hatte der Gemeinderat die Experten befragt – nämlich die Kinder von Brighton. Vielleicht hätten sie auf das Kind gehört, das sagte: »Kommt mir alles ein bißchen albern vor, die ganzen Bulldozer, die unser Lager und unser Baumhaus kaputtmachen, nur um einen kitschigen alten Park zu errichten. Wo sollen wir denn jetzt *spielen?*«[3]

Helfer definieren unter Umständen die Welt nicht nur als etwas, was außerhalb von ihnen ist, sondern sie schaffen es auch, den gesamten Veränderungsprozeß nach außen zu verlegen. Es sind die anderen, die als die passenden Objekte für eine Veränderung gesehen werden, die als sozial schwach, unvollkommen oder geistig krank definiert werden und so irgendeiner »Verbesserung« bedürfen. Die Selbstenthüllung bei einem Helfer wird als eine Schwäche gesehen, durch die wertvolle Zeit für die Manipulation von Veränderungen bei anderen verlorengeht! Der gegenwärtig beliebte Begriff »Katalysator« ist ironischerweise und unbeabsichtigt angemessen, da er, streng genommen, ein Wirkstoff ist, der eine chemische

Veränderung in anderen Verbindungen unterstützt, *ohne sich selber zu verändern.*

Dieses Ich ist nicht nur gegenüber seinen eigenen Mängeln blind, sondern maßt sich nur allzu gern eine zentrale Bedeutung im Leben anderer an. Ich erinnere mich an eine Studentin der Sozialarbeit, die unter meiner Supervision arbeitete. Eines Tages kam sie ziemlich atemlos von ihrem zweiten Gespräch mit einer sehr deprivierten Familie zurück und rief aus: »Sie werden gar nicht glauben, was sich alles nach meinem ersten Besuch verändert hat! Jeder scheint meine Ratschläge beherzigt zu haben. Der kleine Bob geht wieder zur Schule, die Mutter ist wieder aufgestanden und der Vater arbeitet...« In ihrer Vorstellung spielte ihr Besuch eine zentrale Rolle im Leben dieser Familie. Sie betrachtete sich und ihren Einfluß als Mittelpunkt, um den diese Familienmitglieder kreisten. Sie schien sich dessen nicht bewußt zu sein, daß der Himmel voll ist von ähnlichen Sonnen, Sternen und Planeten.

Ihre Arroganz und Gedankenlosigkeit aber spricht etwas in meinem Innern an. Dieses Etwas liegt im Bereich meiner Grundmotive dafür, warum ich anderen helfe. Ich kam zur Sozialarbeit, um die Dinge »zum Besseren« zu ändern. Ich wollte ein Evangelium verkünden, eine Welt aufbauen helfen, in der es den Leuten besser geht und die Unterschiede zwischen arm und reich nicht so groß sind. Ich wollte über Macht verfügen, das Leben so vieler Menschen wie möglich beeinflussen. Zu Anfang sah ich mich selber überhaupt nicht als veränderungsbedürftig.

In den meisten unserer Auffassungen und Gefühle im Hinblick auf Veränderungen schwingt die Vorstellung von einer »Verbesserung« – meiner selbst oder anderer – mit. Für mich bedeutet »besser« weniger zornig, ungeduldig, aggressiv, unvernünftig und unfair, als ich es jetzt bin. Ich möchte die »schlechte« und widerspenstige Seite meines Ich abschütteln, sie in tiefste Tiefen hinabstoßen. Ich möchte, daß ich mich nicht selber verurteile und bestrafe, wenn ich merke, daß ich von mir verinnerlichten Standards von »gut« nicht genüge.

Wer urteilt, steht außerhalb des Erlebens und schreibt ihm einen Wert zu. »Das war vollkommene Zeitverschwendung.« »Zu dieser Person habe ich mich sehr schlecht verhalten.« Wir sehnen uns nach Idealbildern. Staat und Sozialisation reden einem Kind ein, daß »...das Leben...in der Erreichung einer Position (besteht) und nicht darin, kontinuierlich dahinzuleben.«[4]

Ich lerne, anderen Ratschläge zu geben und sie mit Weisheiten zu beglücken, bin aber nicht fähig, sie auf mein eigenes Leben anzuwenden.

> *Lieber Klient...*
> Ich spreche weise Worte
> in den Raum
> und wünsche mir,
> daß ich selber
> von diesen Weisheiten zehren könnte.

Ich kann mir ein persönliches Spiegelkabinett suchen. Der eine Spiegel sagt mir, daß ich zu schlank bin, ein anderer, daß ich zu dick, ein dritter, daß ich zu kurz bin usw. Die Informationen sind vollkommen widersprüchlich. Ich kann also herumtanzen und versuchen, einem Bild zu genügen und mich gleichzeitig von anderen zu entfernen. Zu einem solchen Prozeß gehört, daß ich große Bereiche meines Ich bewußt nicht mehr als die meinen betrachte, daß ich versuche, nicht an meine eigene Habgier, Aggressivität oder Egozentrik zu denken oder mir ihrer zu sehr bewußt zu werden.

Wir wissen nur wenig über die historischen Anfänge der chinesischen Philosophie, die als Taoismus bezeichnet wird. Ihr Begründer soll Lao-tse gewesen sein, was zu Deutsch »alter Mann« heißt. Wenn er tatsächlich gelebt haben sollte, dann wäre er ein älterer Zeitgenosse von Konfuzius im 6. Jahrhundert v. Chr. gewesen. Taoismus heißt einfach die Schule des Großen oder Erhabenen Wegs. Das Wort Tao steht für etwas, was nicht benannt werden kann und was schon vor Beginn dieser Welt existiert hat. Die dem Großen Weg folgen, erkennen, daß Himmel und Erde gleichzeitig entstanden und daß alle Dinge Eins sind. »In dieser Vision sind alle Dinge relativ, die Gegensätze verwischen sich, die Kontraste harmonieren schließlich. Das Eine ist Tao, es ist die totale Ursprünglichkeit aller Dinge.«[5]

Tschang Tschung-Yuan schreibt:

In dieser Einheit bricht alles durch die Schale seiner selbst und vermischt sich mit jedem anderen Ding. Alles identifiziert sich mit allem anderen. Das Eine ist zugleich Vieles, und die Vielen sind Eins. In diesem Reich lösen sich alle Selbst in eines auf, und alle unsere Selbst sind nur so weit Selbst, wie sie in alle anderen Selbst übergehen. Jedes Individuum verschmilzt mit jedem anderen Individuum.[6]

Man stelle diese Situation dem westlichen Erleben des Gefühls der Machtlosigkeit und der Impotenz gegenüber. Unsere tatsächlichen Erfahrungen genügen ständig nicht unseren Erwartungen. Wir fühlen uns entfremdet, in Distanz zum anderen, von gigantischen Mächten überwältigt. Rollo May bezeichnet dies als das Problem der persönlichen Machtlosigkeit. Die Leute fühlen sich nicht in der Lage, andere zu beeinflussen und zu ändern. Täglich erkennen wir, so argumentiert er, »... daß wir nicht imstande sind, viele Menschen zu beeinflussen, daß wir wenig zählen, daß die Werte, denen unsere Eltern ihr Leben weihten, für uns leer und nichtssagend sind ...« Er meint, daß eine Gesellschaft, die ihren Mitgliedern das Gefühl der Machtlosigkeit gibt, Probleme heraufbeschwört. »Gewalttaten werden in unserer Gesellschaft größtenteils von Menschen begangen, die versuchen, ihre Selbstachtung aufzubauen, ihr Selbstbild zu bewahren und zu demonstrieren, daß auch sie von Bedeutung sind.«[7] Es besteht kaum ein Empfinden von Harmonie, nur eine Serie aufreibender Auseinandersetzungen.

Unsere Klienten fühlen sich noch machtloser. Sie sind arm, behindert und von der Gesellschaft ausgestoßen.[8] Man hat ihnen den Zugang zu Wegen versperrt, über die sie wichtige politische und ökonomische Entscheidungen, die ihr tägliches Leben betreffen, mitbeeinflussen könnten. Manche empfinden dies in erster Linie in psychischer Hinsicht. Sie spüren, daß andere Einfluß über sie haben, daß sie keine Freunde gewinnen können und so isoliert und stigmatisiert sind. Eine andere Gruppe empfindet dies vor allen Dingen in materieller Hinsicht. Sie merken, daß es unmöglich ist, eine angemessene Unterkunft, eine angemessene Anstellung und angemessene Bildungsmöglichkeiten zu erhalten. Beide Gruppen fühlen sich ausgeliefert statt überlegen.

Wir sind uns der Auswirkungen materieller Deprivation bewußt, haben aber in der Praxis sehr wenig getan, um dem Deprimierenden und moralisch Untergrabenden dieser Situation zu begegnen. Charles Reich schreibt:

Der große Fehler der Radikalen war, die Arbeiter für eine Revolte gewinnen zu wollen, die vorwiegend gegen materielle Ungerechtigkeiten gerichtet sein sollte. Wessen sie wirklich beraubt wurden, waren nicht so sehr materielle Güter, sondern ihre Geistigkeit, sie erlitten Verluste an Gefühlen. Ihr Leben schloß jede Erfahrung aus. Das ist die wahre Natur der heutigen Sklaverei.[9]

Mag er auch die Dinge ein wenig überzeichnen, er deckt eine Grundwahrheit im Zusammenhang mit dem Helfen auf.

Ein wichtiger Prozeß besteht darin, den Leuten zu helfen, sich ihrer Ausbeutung bewußt zu werden. Sie sollen sich mehr und mehr bewußt machen, wie sie ausgebeutet werden oder selber andere ausbeuten, und sich dann mit anderen zusammentun, um etwas gegen die Gesamtsituation zu unternehmen. Paulo Freire nennt dies Bewußtseinsweckung. Damit meint er einen Prozeß, in dem sich Menschen nicht als geduldige Rezipienten, sondern als wissende Subjekte ein sich vertiefendes Bewußtsein von der sozio-kulturellen Realität, die ihr Leben formt, wie auch von ihrer Fähigkeit, diese Realität abzuändern, verschaffen.[10]

Klienten werden vielleicht verschiedenartige Helfer als eine Möglichkeit wahrnehmen, Einfluß zu bekommen. Sozialarbeiter können ihre Anwälte für ihre Rechte auf Wohlergehen und auf Unterkunft werden, können bewirken, daß sie über ihr bisheriges Leben nachdenken und möglicherweise Dämonen, denen sie ausgeliefert waren, vertreiben. Ärzte können sie lehren, wie sie auf sich selber achten können.

Häufig sind die Beziehungen zwischen Klienten und Helfern durch eine so grobe Ungleichheit charakterisiert, daß eine Autonomie des Klienten behindert und untergraben wird. Eine echte Kommunikation scheitert am Fachjargon und an unüberlegten Etikettierungen des Klienten durch den Helfer. Dieser benutzt seinen Status, seine soziale Position und sein Wissen, um Barrieren aufzurichten, statt eine wirkliche Harmonie herzustellen.

Bei den Taoisten spielte der Begriff der Harmonie eine überaus wichtige Rolle. Sie sahen alles als Teil des großen Ganzen. Ihr berühmtester Philosoph schrieb:

Die wahre Natur des wu-wei (kein Geist) ist nicht bloße Inaktivität, sondern vollkommenes Handeln – vollkommen, weil es ohne Aktivität handelt. Mit anderen Worten: es ist kein Handeln, das unabhängig von Himmel und Erde und im Konflikt mit der Dynamik des Ganzen erfolgt, sondern in vollkommener Harmonie mit dem Ganzen.[11]

Ein solches Handeln kam aus dem Grunde des Seins. Es war im vollständigen Einklang mit seiner wahren Natur und dem Gleichgewicht des Ganzen. Gelegentlich erleben wir ein solches Handeln, wenn wir anderen helfen. Es gibt Augenblicke, da vergessen wir unseren Wunsch, andere zu beeindrucken oder »Gutes zu tun«, da ist nur das Fließen vom einen zum anderen.

Leider ist unser Helfen aber so häufig ich-bezogen. Statt daß es einfach aus unserem Innersten strömt, erscheint es durch den Schleier des Ich als etwas, wonach wir streben und was *wir* erreichen wollen. Thomas Merton schreibt:

Je mehr man das »Gute« außerhalb seiner selbst sucht – als etwas, was zu erwerben ist –, desto mehr wird man mit der Notwendigkeit konfrontiert, das Wesen des Guten zu erörtern, zu studieren, zu verstehen und zu analysieren. Man verliert sich deshalb um so mehr in Abstraktionen und im Dschungel unterschiedlicher Ansichten. Je mehr man das »Gute« objektiv analysiert, je mehr man es als etwas behandelt, was durch spezielle virtuose Techniken zu erreichen ist, um so mehr büßt es an Realität ein.[12]

Ein solches Streben nach dem Guten bringt uns der Selbstgerechtigkeit gefährlich nahe. Wir werden uns unserer eigenen Güte auf eine pharisäische Art überbewußt. Ständig suchen wir nach dem Guten außerhalb von uns selber, statt in uns hineinzuschauen. Ein Taoist würde ein solches Streben nach äußeren Idealen nicht mit uns teilen, sondern uns darin ermutigen, schlicht und einfach auf die leisen Stimmen aus unserem tiefsten Inneren zu horchen. Erst einmal sollen wir in uns selber suchen.

Von Minute zu Minute geschehen Veränderungen, außen, innen und durch uns. Wir sterben allmählich und andere werden geboren.

Tatsache ist, daß wir durch Karma gebunden sind wie ein gewöhnlicher Mensch durch einen großen Stein oder durch ein Auto, das nicht fährt. Der Bildhauer ist Meister des Steins, der Mechaniker Meister des Autos, insofern als beide sich bereitwillig nach den Gesetzen des Materials richten, mit dem sie arbeiten... Wir sollen mit dem Leben leben und mit dem Tod sterben, nicht getrennt von ihnen. Das Problem des Leidens ist unlösbar, weil wir uns als abgesondert von Schmerz und Tod sehen, im Widerstreit mit ihnen. Wir können von Veränderungen nur frei sein, wenn wir uns mit ihnen verändern.[13,14]

Die Tragödie des Helfens besteht so oft darin, daß wir versuchen, soziale Prozesse zu »managen«. Professionelle Helfer benutzen immer mehr die Sprache des Management. Da ist die Rede von »Motivation«, »aufgabenorientierten Interviews« und »konkretisierbaren Zielen«. Wir sehen uns häufig als Menschen, die Obhut über andere Menschen haben, statt mit ihnen zu arbeiten. Sozialarbeiter, die mich wegen Gruppenarbeit befragen, benutzen oft die Formulierungen: »Wie kann ich lernen, eine kleine Gruppe zu steuern?« oder: »Wie kann ich Menschen in diesem bestimmten Rahmen organisieren?« Ich bin nicht gewillt, bei der Beantwortung dieser Fragen behilflich zu sein.

In einer lokalen Tageszeitung war einmal etwas über das Zigeunerproblem zu lesen. Der Vorsitzende des örtlichen Gemeinderats sagte, daß er sehr unglücklich über die Lebensweise der Zigeuner wäre. Sie sollten sich wie normale

Menschen niederlassen und ihre Kinder in gewöhnliche Schulen schicken. Daraufhin erwiderte der Sippenführer grob: »Wir wollen nicht wie die Gorgios (Nicht-Zigeuner) werden. Ihre Frauen haben keinen Respekt mehr vor den Männern. Wir wollen nichts mit ihren Verbrechen und ihrer sexuellen Freizügigkeit zu tun haben. Sie haben lockere Sitten.«

Jede Erklärung war vergleichbar mit einem Lanzenstoß in einem Turnier. Sie errichtete eine Barriere und fällte ein Urteil über den anderen. Jede effektive Kommunikation wurde verhindert, weil man an persönlichen Standards und am eigenen Lebensstil so festhielt, als wäre es mosaisches Gesetz. Jede Erklärung war eine Antwort statt eine Frage. Sie trug dazu bei, Türen zu verschließen statt zu öffnen.

Der Taoismus ist anders. Nach Maslow bedeutet »taoistisch«

Selbstregulierung, Selbststeuerung und Selbstbestimmung des Organismus... Taoistisch heißt fragen statt Anweisungen geben. Es heißt sich nicht dazwischenmengen, nicht kontrollieren wollen. Der Schwerpunkt ruht auf dem nicht eingreifenden Beobachten statt auf dem Manipulieren. Taoistisch heißt rezeptiv und passiv statt aktiv und bestimmend.[15]

Der Taoismus nimmt an, daß die andere Seite einen gleichermaßen vernünftigen Standpunkt hat, ebenso einen Teil der Wahrheit erkennt. Er steht im Gegensatz zum »sozialen Management« und kennt keine festen und klar abgesteckten Ziele, was Beziehungen zu Menschen anbelangt. Er ist im Hinblick auf die Natur des Menschen optimistisch. Seiner Auffassung nach strebt der Organismus von Natur aus nach körperlicher und geistiger Gesundheit.

Taoistisch heißt, daß man sorgfältig zuhört, zu verstehen versucht. Dieses Zuhören erfolgt aus offenem Herzen. Es ist nicht durch Eifersucht, Habgier, Neid und Aggressionen vergiftet. Maslow beschreibt taoistische Formen der Kindererziehung. Für Kinder und Eltern wäre es das Beste, wenn wir »Techniken entwickelten, mit denen wir die Kinder dazu bringen, uns zu sagen, was das Beste für sie wäre.«[16] Diese große Weisheit erfordert aber eine weitgehende Unterwerfung unseres Willens, unserer dogmatischen Ansicht, daß wir *wirklich wissen,* was das Beste für andere Leute – insbesondere für unsere eigenen Kinder – sei.

Sehr stark vom Geist des Taoismus geprägt ist das hervorragende Buch von Virginia Axline.[17] Es ist ein kurzer und erhellender Bericht über eine Psychotherapie mit einem kleinen Kind, das ursprünglich bei seiner Überweisung an die Therapeutin als gestört klassifiziert worden war.

> Ich versuchte, meine Bemerkungen seiner Tätigkeit anzupassen. Ich wollte nicht den Wunsch äußern, daß er irgend etwas Bestimmtes tun sollte, sondern ihm nur auf einfache und verständnisvolle Art zeigen, daß ich seinen Hinweisen folgte. Ich wollte, daß er den Weg wies. Ich würde folgen.

Die Therapeutin respektierte unbeirrt und klar das Wissen des Kindes über sich selber, insbesondere seine Fähigkeit, selber den richtigen Weg für sich zu finden. Sie ließ ihn ständig gewisse Richtungen einschlagen und eröffnete ihm sanft und allmählich immer mehr neue Möglichkeiten, ohne ihm ihren eigenen und sehr mächtigen Willen aufzuzwingen.

Die Gemeindearbeit hat ebenfalls ihre taoistischen Elemente: im »nicht-direktiven Ansatz« nach T. R. Batten. Im direktiven Ansatz überredete der Sozialarbeiter die Gemeinde, »die Resultate seiner Überlegungen für sich zu akzeptieren, und je mehr Überlegungen er für sie anstellte, um so weniger brauchte sie selber zu denken, zu entscheiden und für sich zu sorgen. Auf diese Weise beraubt er sie vieler potentiell wertvoller Lernerfahrungen und neigt dazu, sie mehr von seiner Person abhängig zu machen.«[18]

Das ist also noch eine weitere Möglichkeit, wie der hilfreiche Sozialarbeiter das Vertrauen der Leute in ihre Autonomie untergraben kann. Ein Gemeindearbeiter kann schließlich als der »Fachmann« dastehen, der sehr viel Antworten weiß, und so die Gemeinde weiterhin auf sehr feine Weise in ihrem Selbstvertrauen erschüttern. Der nicht-direktive Sozialarbeiter versucht, die Fähigkeiten der Leute und ihr Wissen über Kommunikationsprozesse zu erweitern. Er legt den Schwerpunkt darauf, daß sie lernen, Bedürfnisse zu artikulieren und Abmachungen über Zielsetzungen, Prioritäten und Methoden zu formulieren. Diese Art des Vorgehens ermutigt von Anfang an zu eigener Führung. Er hat nicht unbedingt das Gefühl, daß er die Antworten auf die Fragen weiß. Seine Funktion besteht darin, zuzuhören und zur Artikulierung allgemeiner Wünsche statt seiner eigenen hinzuführen.

Ein anderer großer Mann auf dem Gebiet der Gemeindearbeit, Saul Alinsky, unterschied sich in seinem Stil und seiner Persönlichkeit von Batten so sehr, wie es sich nur denken läßt. Er konnte gleichzeitig überlegt und aggressiv handeln. Die Rama-Indianer baten ihn um seine Hilfe, um ihren gedrückten Status zu heben und um etwas gegen die generelle Unterdrükkung durch die kanadischen Indianergesetze zu unternehmen. In dem Film, den ich sah, murrten sie bei Alinsky lange über die verschiedensten Mißstände, wobei sie hauptsächlich dem Weißen Mann die Schuld zuschoben. Alinsky hörte ungeduldig zu und fragte ständig, welchen Preis sie für soziale Veränderungen zu zahlen bereit wären.

»Was wollt ihr Indianer im Hinblick auf diese Situation machen? Zu welchen Kosten seid ihr bereit?« Die Indianer hatten ihn als einen außenstehenden Menschen betrachtet, der etwas für sie erreichen könnte, der die Antworten auf ihre Fragen wußte. Er aber stieß ihnen ihre Probleme zurück. Er mußte nicht mit gesetzlichen Repressalien und Stigmata leben. Er bezichtigte die Indianer, die ökonomischen und politischen Möglichkeiten des Bleichgesichts haben zu wollen, gleichzeitig aber auch die ökologische Reinheit ihrer roten Vorfahren erhalten zu wollen.[19]

Es ist sehr schwer, einen Weg wie Batten und Alinsky zu gehen. Es wird aber noch schwerer, sich von dem Ehrgeiz zu lösen, andere zu kontrollieren und zu verändern, sich von dem einfachen Wunsch freizumachen, wichtig zu erscheinen, Einfluß zu haben, populär und liebenswert zu sein. Die Sonne scheint so, wie sie scheint, und es regnet so, wie es regnet. Es regnet nicht, um mich zu ärgern, weil ich eigentlich spazieren-

gehen will, und die Sonne scheint nicht, um mich zu beeindruk-
ken, wenn ich ein Sonnenbad nehme.

Ich spüre diesen mächtigen Drang in mir, den Leuten Vorschriften zu machen. Tief in meinem Inneren treibt es mich
heftig, das Leben anderer zu lenken, bin ich davon überzeugt,
daß nur ich weiß, was wirklich geschehen sollte. All dies ist
Ausdruck eines mit einer harten Schale umgebenen Ich. Ich
würde häufig gern so tun, als ob dieses Machtbedürfnis in mir
überhaupt nicht existierte. Es gibt nur meinem dickbauchigen
Ich neue Nahrung.

Vor einigen Jahren hatte ich in Edinburgh eine längere und
lautstarke Auseinandersetzung mit einer Kollegin. Sie wurde
zum Fechtkampf zweier Ichs. Meine Kollegin argumentierte:
»Wie können deine schönen, aber belanglosen religiösen Ideen
für eine so große Industriestadt wie die hier mit all ihrer
Isolation von Bedeutung sein? Deine Ideen passen aufs Land,
wo viel Zeit und Platz ist.« Ich wurde zorniger, während sie mir
von einem kinderlosen Ehepaar erzählte, bei dem der Mann
schwerer Alkoholiker war.

»Jeden Abend kommt er nach Hause und schlägt sie grün und
blau. Er ist unheimlich gewalttätig. Eines Tages wird er ihr noch
wirklichen Schaden zufügen.« Ich fragte sie, wer von den
beiden sie um ihren Besuch gebeten hatte. »Keiner von beiden,
das ist ja das Schlimme. Die Lage ist so entsetzlich, daß weder
der Mann noch die Frau, die ich am häufigsten sehe, das
Trinken oder das Verprügeln als ein besonderes soziales
Problem sehen.« Sie erklärte mir dann, daß alle beide nicht
mehr ihre Besuche wünschten, doch sie würde sich hartnäckig
weigern. Ich sagte ihr daraufhin wütend, sie würde demnach die
Besuche hauptsächlich *um ihrer selbst willen* fortsetzen, aus
ihren Angst- und Schuldgefühlen heraus. Damit aber zog ich
ganz stark ihren Zorn auf mich. Doch sowohl sie als auch ich
dürften der Meinung sein, daß Menschen so nicht leben sollen,
daß sie einander respektieren müssen. Haben wir dann das
Recht, formell in das Leben derer einzugreifen, die von uns
festgelegte Regeln brechen?

Zu wessen Nutzen ist die Intervention bzw. Einmischung? Helfer können des Versuchs schuldig werden, indem sie ihre eigenen Probleme zu lindern versuchen. Ihnen kann auch die allerschlimmste Form seelischer Hygiene vorgeworfen werden, nämlich die Welt so zurechtputzen zu wollen, daß sie »nett und ordentlich« erscheint. Das ist aber immer noch *unsere* Vorstellung von der Welt, nicht die unserer Klienten. Mein alter Betreuer in der Ausbildung zum Sozialarbeiter sagte mir einmal: »David, achte immer darauf, daß du dich nicht auf Kosten deiner Klienten behandelst.«

Die Behandlung ist häufig schlimmer als die Krankheit. In seinem kleinen Essay »Die Dinge sich selber überlassen« war sich Tschuang-tse seiner eigenen Position auf erfrischende Weise klar bewußt. Er schrieb:

Ich weiß, wie man die Welt sich selber überläßt, nicht aber, wie man sich in ihr Geschehen einmengt. Ich weiß nicht, wie man die Dinge in der Hand hat. Laß den Dingen ihren eigenen Lauf, damit du deine Natur nicht aus ihrer Form reißt! Störe sie nicht, damit du nicht zu etwas wirst, was du nicht bist! Wenn die Menschen nicht bis zur Unkenntlichkeit entstellt werden, wenn man ihnen erlaubt zu leben – dann ist der Zweck des Regierens erreicht.[20]

Tschuang-tse fand seine wahre Natur.

Etwa zwei Jahrtausende später hat Bill Jordan die Gefahren der Intervention durch die Sozialarbeit beschrieben. Er sprach über die Probleme im Zusammenhang mit Kindesmißhandlungen:

Sehr häufig verstärken vermittelnde Personen die Versuchung, indem sie bewußt vage sind, einfach ihre Ängste abladen... Wenn die Sozialarbeiterin wirklich Angst bekommt, daß die Kinder in Gefahr sind, kann dieser Prozeß heimtückisch eine Stufe weitergeführt werden, immer noch ohne eine genaue Klärung der Geschehnisse. Die Familie kann zu einem Fall werden, den die Sozialarbeiterin durch Besuche auf eine vage Weise überwacht und überprüft, um sich selber abzusichern. Die Gefahr besteht hier darin, daß die Sozialarbeiterin nicht hilft, sondern unter Umständen Teil des Alptraums des Klienten wird. Die Situation wird nie definiert, der Grund für die Überwachung niemals ausgesprochen, das Problem nie offen beredet. Ich bin mir sicher, daß hierin die Hauptgründe für die folgenden Untersuchungsergebnisse liegen: nämlich erstens, daß bei einem Vergleich zwischen Personen, die längere Zeit durch die Sozialbehörden überwacht werden, und Personen mit den gleichen Problemen, die nicht unter einer solchen Überwachung stehen, die meisten der überwachten Personen sich in ihrem Verhalten verschlimmern, und zweitens, daß in Fällen der Mißhandlung von Kleinkindern ängstliche Besuche durch Sozialarbeiter die Zahl der Mißhandlungen anwachsen lassen. In den tragischen Fällen, die wir nur allzu gut kennen, handelte es sich nicht um neu vermittelte Klienten, die nicht schnell genug überprüft worden waren, sondern um Fälle, die der Behörde schon seit geraumer Zeit bekannt waren.[21]

Überhaupt nicht eingreifen kann die beste Handlungsweise sein.[22] Die Lektüre von Forschungsberichten über die Ergebnisse von Interventionen – durch Gruppenarbeit, Psychotherapie und sogar Gemeindeentwicklungsprogramme – vermittelt einen sehr deprimierenden Eindruck. Wir müssen nicht nur die Endresultate, sondern auch unsere Motivation kritisch überprüfen. Warum wollten wir überhaupt intervenieren? War dies lediglich Ausdruck unseres Gefühls, daß wir Recht hatten, und unseres Wunsches, unseren eigenen Willen durchzusetzen?

Wir können uns die Sache grob vereinfachen und verschiedene Interessengruppen entweder als »gut« oder als »schlecht« betrachten. Die Kommunikation kann so werden wie zwischen dem Sippenführer der Zigeuner und dem Gemeinderatsvorsitzenden. Wir können feste Barrieren gegen jene errichten, die als schädlich, destruktiv, »links«, »rechts« oder rücksichtslos wahrgenommen werden.

Der ganze Prozeß des Veränderns, ausgerichtet auf bestimmte erwünschte Ziele, die zu erreichen aber wegen festgefügter Interessen vermeintlich feindseliger Außenseiter hoffnungslos erscheint, enthält tief in sich selber die Keime für seine eigene Zerstörung und Desintegration. Diese Außenseiter, die ich als hinderlich und feindselig bezeichne, spiegeln mein Verlangen wider, die Dinge nach meinem Kopf zu gestalten. Sie wollen die Dinge nach ihrem Kopf gestalten. Wie unvernünftig kann man werden?

Ich kann tatsächlich größeren Einfluß gewinnen, indem ich

mehr antichambriere und mehr schreibe, durch Beförderung und erhöhte Verantwortung. Häufig gewinne ich einen solchen Einfluß auf Kosten anderer, etwa meiner Kollegen in der gleichen Organisation. Die Kosten für größeren Einfluß können in einem ständig zunehmenden Verlust des Kontakts mit den Alltagsereignissen bestehen, und in der Überzeugung, daß ich wichtiger bin als andere. Dieser Prozeß des sozialen und politischen Aufstiegs kann oft in echter sozialer Abgestumpftheit, in einer Aushöhlung der Fähigkeit zu lieben enden. Ich sehe die anderen nicht mehr als Menschen, die an und für sich von Wert sind, sondern benutze sie nur als Objekte oder Hilfsmittel zur Erreichung meiner Ziele.

Ich kann nicht die Veränderungen erkennen, die in mir selber ablaufen. Meine Machtpositionen helfen mir, die anderen zu formen und zu gestalten. So viele, die länger im Beruf standen, sind genauso wie die älteren Kollegen geworden, die sie noch vor einem Jahrzehnt verhöhnten und attackierten. Wir geben unser eigenes Streben nach der Wahrheit auf und tauschen uns dafür den Komfort durch das Ölen der Verwaltungsmaschinerien ein.

Das Bemühen um die Veränderung der Dinge kann auch etwas von der Qualität von George Orwells »Farm der Tiere« haben. Das Drehen am Glücksrad kann einfach damit enden, daß wir das Geld machen und eine andere Gruppe von Leuten für uns arbeiten lassen. Eine wirkliche Veränderung bleibt dadurch aus. Wir dürfen nicht unseren persönlichen Erfolg mit einem allgemeinen Fortschritt in der Gemeinschaft verwechseln.

Wirkliche Veränderungen müssen in mir selber beginnen. Charles Reich hat dies sehr schön beschrieben:

Vom Selbst auszugehen heißt nicht, selbstsüchtig zu sein. Es heißt von Grundsätzen auszugehen, deren Grundlagen das menschliche Leben und die Natur sind, und nicht von Grundlagen wie Macht oder Status, die künstliche Produkte des Corporations-Staates sind. Es ist keine Selbstsucht, sondern eine radikale Subjektivität, um echte Werte in einer Welt zu finden, deren offizielle Werte falsch und verzerrt sind. Es ist nicht Egozentrik, sondern Ehrlichkeit, Gesamtheit, Unverfälschtheit in allen Dingen. Es geht vom Ich aus, weil das menschliche Leben auf individuellen Einheiten basiert und nicht auf Konzernen oder Institutionen; seine Absicht ist es, vom Leben auszugehen.[23]

Ich glaube an die so wesentliche subversive und revolutionäre Kraft der menschlichen Liebe. Wir können unsere Revolution beginnen, indem wir schon heute einander weniger ausbeuten, indem wir auf Einrichtungen zur Manipulation verzichten – so schwer dies auch in einer Gesellschaft sein mag, die die Menschen als industrielle Einheiten statt als individuelle Lebewesen behandelt.

Revolutionen fangen damit an, daß einige Leute sie leben, daß sie andere und stärker integrierende Erfahrungen über ihre Beziehungen zur Außenwelt machen. Revolutionen ereignen sich, wenn manche Leute ihren geschätzten persönlichen Komfort aufgeben und Risiken eingehen. Wenn ich wirkliche Veränderungen wünsche, dann muß zunächst ich selber zu Veränderungen in mir bereit sein.

Programme politischer Art sind wichtige *Endprodukte* sozialer Qualität, die nur wirksam sein können, wenn die zugrundeliegende Struktur sozialer Werte richtig ist. Die sozialen Werte sind nur dann richtig, wenn die individuellen Werte stimmen. Der Ort für die Verbesserung der Welt ist zunächst einmal das eigene Herz, der eigene Kopf und die eigenen Hände, und von da aus kann man sich nach außen vorarbeiten.[24]

Wichtiger noch als das Austüfteln raffinierter und sophistischer Techniken und Strategien für soziale Veränderungen ist die kritische Überprüfung der Frage, warum wir solche überhaupt wünschen. Verschaffen uns solche Veränderungen mehr Komfort, Macht oder Wohlstand? Ist uns einfach nur daran gelegen, unseren eigenen Kopf durchzusetzen? Ich neige ebenso sehr zum Dogmatismus wie die meisten anderen Leute. Es gibt gewaltige Unterschiede in unserer Gesellschaft, und diese sind mit unsäglich viel individuellem Leid verknüpft. Alleinstehende Mütter oder Väter ziehen ihre Kinder in größter Armut auf. Obdachlose Familien hausen gemeinsam in deprimierend schlechten Unterkünften mit schmutzigen Toiletten und beengten Waschmöglichkeiten. Hunderte von alleinstehenden Obdachlosen – Männer und Frauen – schlafen unter den Brücken in der Innenstadt von London.

Wir müssen täglich offen mit bedrückend viel menschlichem Leid leben, im eigenen Land und international. Wir erkennen, daß unser ganzer Lebensstil – wie der einer jeden anderen »hochentwickelten Kultur« – auf dem ausgeklügelten und gut organisierten Diebstahl von Rohstoffen in »unterentwickelten Ländern« basiert. Schmerz und Leid beginnen in uns selber. Auch wir sind verloren, entfremdet und ausgebeutet.

Was Überfluß genannt wird, die Folge jener rapiden ökonomischen Entwicklung seit etwa der Mitte des 19. Jahrhunderts, ist in Wirklichkeit ein Überfluß nicht nur an ernsten, mit Hilfe von Maschinen nicht lösbaren Problemen, sondern an hoffnungsloser Armut – Armut in Form physischer Unsicherheit, des Gefühls des Unglücklichseins, des verstärkten Moralisierens, des Gefühls, durch riesige und unkontrollierbare physikalische, mechanische und korporative Strukturen zu einem Nichts degradiert zu werden, Armut in Form von Haß und Geringschätzung anderer Menschen, mangelnder Gelegenheit zur Besinnung und des Verlusts eines Lebens in der Gemeinschaft.[25]

So stark ist unsere Unmenschlichkeit ausgeprägt, und dennoch sehen wir nur die Armut anderer. Sheldon Kopp meint, daß »Überwinden durch Nachgeben der einzige Ausweg« sei.[26] Es gibt einfach keinen Ort, an den man fliehen kann. Wenn wir die Barrieren niederreißen, weniger auf der Abgrenzungen zwischen uns und den anderen beharren und weniger dogmatische Urteile fällen, so muß dies für alle erleuchtend sein. Richtig scheint mir, den Fluß in die von ihm selbst eingeschlagene Richtung fließen zu lassen und zu seiner eigenen Natur zurückzufinden. Ein Anfang dazu wäre, das sehnsüchtige Verlangen nach Veränderung der Dinge tief in mir aufrichtig und nachdenklich anzuschauen.

7 Zen in der Kunst des Helfens

Was ist Zen in der Kunst des Helfens? Leichter fällt es zu sagen, was es nicht ist, als das Wesentliche daran zu beschreiben. Zen in der Kunst des Helfens heißt, eine künstliche Aufwertung des Ich durch »gute Taten« zu vermeiden. Es bedeutet, sich selber und anderen zu helfen, ein erfüllendes Leben zu führen, in der Kunst des Lebens neue Kraft und Frische zu entdecken und aufzudecken, die Urfähigkeit zur Liebe freizusetzen.

Ein wichtiges Grundelement ist das Leben im Hier und Jetzt. Damit ist gemeint, sich auf den Akt der Ausführung einer Aufgabe intensiver zu konzentrieren, statt sich zu wünschen, daß man sie schon hinter sich hätte. In unserem Leben zählen nur die wichtigen Ereignisse. Die Entscheidung aber, welches Ereignis bedeutsam und aufregend ist, fällen wir selber. Der größte Teil unseres Lebens zieht nahezu unbemerkt an uns vorüber. Wir sind uns kaum dessen bewußt, daß wir Geschirr spülen oder das Auto waschen, außer in gelegentlichen Augenblicken.

Diese »kleinen« Aktivitäten können aber die Aufmerksamkeit belohnen. So heißt es in einem Zen-Text:

Es ist natürlich und empfehlenswert, sich ein volleres, glücklicheres Leben, als das Ihre es gegenwärtig ist, zu wünschen. Es ist jedoch nicht löblich, wenn Sie Ihre gegenwärtige Lage geringschätzen, während Sie nach einer gehobeneren verlangen. Wenn Sie sich allem, was Sie gerade tun, ganz hingeben, können Sie zu einer tieferen und reicheren Gemütsverfassung gelangen.[1]

Wir alle sind schon einmal in einer Situation wie Aschenbrödel gewesen und haben uns gewünscht, tanzen gehen zu können, statt das Geschirr zu spülen. Als Kind kämpfte ich gegen den schnell dahinfließenden, schier ertränkenden Wortschwall meines Vaters an. Oft, wenn ich mir wünschte, mit »wichtigeren« Dingen weiterzumachen, redete und redete er, bis ich innerlich schrie. Mit der Zeit lernte ich, mich geistig zurückzuziehen. Ich löste Kopfrechenaufgaben, sagte innerlich Gedichte auf und versetzte mich in meiner Phantasie an ferne Orte, nur um schweigend die Zeit zu füllen, während er ununterbrochen sprach.

Durch solche geistigen Turnübungen verhinderte ich, daß sich Frustrationen in mir aufbauten. Ich hinderte mich daran, Langeweile zu empfinden. Ich begab mich aus der Hier-und-Jetzt-Situation heraus und umging so das Problem, mich mit ihm direkt auseinanderzusetzen. Dieser Bruch hinderte mich aber daran, meinen Vater zu erkennen. Viele Jahre lang war er für mich nur eine Art Gespenst. Wenn ich mich auf seine endlosen Worttiraden konzentriert hätte, wären vielleicht meine Überlegungen, was wichtig war und was nicht, in Frage gestellt worden, und hätte ich auch intensiver enorme Frustrationen erlebt.

Der Zen-Meister versucht, eine Atmosphäre der Sicherheit zu schaffen, in der der Schüler weitgehend durch Konzentration auf das Hier und Jetzt zu seiner wahren Natur finden kann. Zuviel Sicherheit aber kann ein Gefühl der Behaglichkeit auslösen, das den Geist träge macht und einschläfert. Der Meister versucht, ein Gleichgewicht zwischen Sicherheit und Herausforderung herzustellen.

Zen zu »lernen« heißt im wesentlichen ver-lernen. Es ist sehr schmerzlich, wenn man entdecken muß, daß jene ideologischen und intellektuellen Denkmäler, die – ein Leben lang sorgfältig aufgebaut – ihm Bedeutung verleihen sollen, eigentlich unwirklich sind, daß sie keine direkten Antworten auf die wichtigen Fragen im Leben geben können, auf Fragen wie: »Wer bin ich?« »Was ist das Leben?«

Für mich ist die Loslösung von diesen persönlichen Denkmälern viel schwieriger als die Trennung von »weltlichen« Gütern. Irmgard Schloegl schreibt:

Beim Üben muß man danach streben, alles aufzugeben – und das Gewicht liegt dabei auf den »inneren Errungenschaften«, wie zum Beispiel Vorstellungen, Anschauungen und Überzeugungen, und nicht auf dem Hab und Gut.[2]

Ich finde dies beängstigend.

Wenn wir uns selber und anderen helfen, so wird dies durch die Situation und den unersättlichen Appetit des Ich kompliziert. Es stellt sich (bzw. »ich« stelle mich) zwischen die Erfahrung des Lebens und den wahren Wunsch nach Befreiung und Erleuchtung. Selbst die scheinbar reinsten Gedanken und Taten können unmerklich von Selbstgerechtigkeit durchsetzt werden. Wenn ich anderen Gutes tue, kann ich mir sogar noch mehr der Trennung zwischen mir und anderen bewußt werden. »Ich« kann über meine Tugendhaftigkeit stolz sein und mich anderen überlegen fühlen.

Fritz Perls, der Begründer der Gestalttherapie, war sich dieses Prozesses wohlbewußt. Er wandte Zen-Prinzipien in der Psychotherapie an. Er bot seinen Patienten wenig Hilfe im Sinne von Trost an. Sie erlebten vielmehr, wie er sich unerbittlich auf ihre im Augenblick gesagten Worte und ausgeführten Bewegungen konzentrierte.[3] Häufig war er – aus konventioneller Sicht – nicht hilfreich. Er versuchte, die Frustration seiner Patienten zu verstärken. Er wollte, daß sie sich der Qualen des Samsara – des Kreislaufs sich selbst vereitelnden Bemühens – stärker bewußt wurden, damit die Ketten des Ich in der freigesetzten Energie eventuell gesprengt würden. Er ließ sie ihren eigenen Guru in ihrem Innern suchen, statt sich auf ihn zu stützen.

Perls erkannte das Paradox des Willens im Zen. Es ist wesentlich, sich nichts sehnlicher als die Erleuchtung zu wünschen, doch gerade dieses Wünschen und Sehnen ist ein Hauptquell von Energie für das Ich. Das Ich strebt danach, sich die wirkliche Arbeit von anderen abnehmen zu lassen, indem es ständig Fragen stellt und jede Antwort dazu benutzt, sich noch weiter vor möglichen Angriffen abzusichern.

Als ein Psychiater einen Zen-Meister fragte, wie er mit neurotischen Menschen umgehen würde, erwiderte dieser: »Ich fange sie!« »Und wie fangen Sie sie?« »Ich bringe sie an den Punkt, wo sie keine Fragen mehr stellen können!«[4]

Perls erkannte, daß das Fragen das Hauptmittel des Intellekts ist, der eigenen Selbstfindung zu entgehen. Wir versuchen, andere dazu zu verführen, für uns die Arbeit zu tun und mit dem Leid fertig zu werden. Die meisten unserer Fragen sind verhüllte Feststellungen. Wir schieben die Antwort hinaus, indem wir vorgeben, daß wir sie nicht wüßten. Der alte Gauner Bodhidharma soll gesagt haben: »Alle kennen den Großen Weg, aber nur wenige gehen ihn«. Er hätte noch hinzufügen können, daß diejenigen, die ihn nicht gehen, regelmäßig ausrufen: »Zeig ihn mir ... Gib mir eine Karte ... Welcher Weg ist es?«

Eine Unterstützung wirklichen Helfens ist die Weigerung, viele Fragen zu beantworten. Dadurch sind die Schüler gezwungen, ihre eigenen reichhaltigen Lebenserfahrungen zu Hilfe zu nehmen. Die Antwort eines anderen ist bestenfalls ein »Wissen um« bestimmte Dinge, die eigene Antwort hingegen ist »direktes Wissen«.

Ein buddhistischer Weiser der Gegenwart schrieb:

> Man könnte nun denken, daß die Leute Fragen stellen, um ihre Zweifel zu zerstreuen, geistige Verwirrungen zu klären und die Wahrheit zu erfahren. Dies trifft zugegebenermaßen in manchen Fällen zu. Meistens aber stellen die Leute Fragen, um *keine* Antwort zu erhalten. Eine wirkliche Antwort für das Leben wäre das Letzte, was sie wollten. Selbst wenn sie sie bekämen, wüßten sie mit ihr nichts anzufangen. Sie kämen sich wahrscheinlich vor wie ein kleiner Junge, der im Garten »Löwen und Tiger fangen« spielt und plötzlich vor einem wirklichen Löwen oder einem aus dem Zoo entsprungenen Tiger steht. Deshalb stellen sie weiter Fragen.[5]

Schon früher habe ich darauf hingewiesen, daß ein großer Teil unserer Motivation zu helfen Mitleid und nicht Mitgefühl ist. Wenn ich jemandem aus Mitleid helfe, so sehe ich mich ihm in irgendeiner Weise überlegen. Das Mitgefühl baut die Barrieren ab. Ich empfinde gegenüber dem anderen echten Respekt, sehe ihn auf gleicher Ebene mit mir.

Einmal schmiß ich George, einen alten Trunkenbold aus Soho, aus dem Obdachlosenheim, in dem ich vor mehreren Jahren arbeitete. Er tat mir leid, aber er war wie immer sehr betrunken und belästigte eine der dort wohnenden Frauen. Es gab ein kurzes Handgemenge und dann warf ich hinter ihm die große Haupteingangstür zu.

Ein paar Stunden später traf ich ihn auf den Stufen vor einer nahegelegenen Kirche. Er war mit mehreren Freunden zusammen. Sie reichten sich gerade eine Flasche billigen Sherrys herum. Ich dachte schon, es würde einigen Ärger geben, doch wir unterhielten uns im liebenswürdigen Ton über das, was zuvor passiert war. Ich sah ihn – durch die Wolken des Mitleids – zum erstenmal als einen intelligenten und sensiblen Mann.

Das Mitgefühl ist ein Grundelement wahrer Hilfe. Oft entspringt unsere Hilfe aus eigener Verzweiflung. Wir geben vor, daß wir nicht krank seien, und pflegen diejenigen, denen es ebenfalls nicht gut geht. Helfen kann ein Elementarsymptom von Krankheit sein, inbesondere da, wo sie dazu benutzt wird, eigene Schwächen zu verdecken.

> *Ich dir helfen?*
> Es gibt nur einen Weg,
> wie ich dich wissen lassen kann,
> daß ich deine Hilfe brauche:
> ich bestehe darauf,
> dir zu helfen.

Es gibt eine Form des Gebens, die tief aus unserem Inneren entspringt. Chögyam Trungpa meint, daß wir die meiste Zeit unseres Lebens damit verbringen, Gegenstände und Gedanken zu sammeln statt zu geben, und er fragt:

Können wir uns irgendeiner Gelegenheit erinnern, bei der wir etwas Echtes gegeben hätten, in der wir uns öffneten und alles hingaben?[6]

Ein solches Geben sucht keine Belohnung. Es ist ohne Absicht, Planung oder Berechnung. Es strömt in nahezu verblüffender Weise aus uns heraus und nimmt uns so gefangen, daß wir erst zu »äußerlichem« Nachdenken darüber kommen, wenn es abgeschlossen ist.

Traditionsgemäß sehen wir uns selber in bezug auf den Veränderungsprozeß als Außenstehende. Da gibt es das, was sich ändert, und dann gibt es noch uns selber. Die Wirklichkeit ist anders. R. D. Laing schreibt:

Sobald wir mit der Situation in Beziehung stehen, haben wir bereits – ob wir es wahrhaben wollen oder nicht – begonnen, in sie einzugreifen. Darüber hinaus beginnt unser Eingreifen schon, uns wie auch die Situation zu ändern. Eine wechselseitige Beziehung hat angefangen.[7]

Wo beginne nun ich bzw. höre ich auf – in Beziehung zur Veränderung und zur ganzen Situation?

Im allgemeinen hat man bei Theorien, wie man den Menschen wie auch der Gesellschaft helfen kann, die Wahl zwischen extrem weiten und extrem engen Perspektiven. Verfechter politischer Veränderungen sprechen davon, die sozialen Strukturen und das Gleichgewicht der politischen Macht zu verändern, weil sie zutiefst ausbeuterisch sind. Sie haben aber sehr wenig zum unmittelbaren Leid der vielen zu sagen, außer daß sie in der sozialpolitischen Vorhölle zwischen dem gegenwärtigen Augenblick und der kommenden Revolution schmachten. Sie bieten ein politisches Opiat an.

Sozialarbeiter und Psychotherapeuten haben einzelne Menschen in ihrem gegenwärtigen Leid erreicht, werden aber oft zu Recht angeklagt, Menschen an unerträgliche und ungerechte soziale Bedingungen anzupassen, statt wirkliche soziale Veränderungen herbeizuführen. Wie C. Wright Mills schrieb, leiden Sozialarbeiter unter einer »durch ihren Beruf herausgebildeten Unfähigkeit, über eine Reihe von ›Fällen‹ hinauszusehen.«[8] Sie erkennen nicht, wieweit strukturelle Formen bei den Schwierigkeiten einzelner Menschen eine Rolle spielen.

Ein neueres Lehrbuch der Sozialarbeit kritisiert dementsprechend den Einfluß der Psychoanalyse:

Die Psychoanalyse versah den Sozialarbeiter, der sich gegenüber Problemen hilflos fühlte, die das Ergebnis politischer Entscheidungen und materieller Deprivation waren, mit einer Fertigkeit, die er gerne annahm. Sie bestärkte ihn in dem Gefühl, daß etwas getan werden könnte, und gab ihm als Vertreter eines seit kurzem aufkommenden Berufs den professionellen Anstrich, durch den er sich vom Laien und vom Amateur absetzen konnte. Die sozialen Probleme wurden individualisiert, und der Beruf wurde in eine Ideologie eingetaucht, die kollektives politisches Handeln abwertete. Die Armen und die Abweichler waren nun nicht mehr moralisch schwache Menschen, sondern pathologische Einzelfälle.[9]

Das Dilemma soziale Veränderung oder Anpassung ist in zweierlei Hinsicht falsch. Jeder Helfer muß helfen, wo und wie er kann. Natürlich können wir mit unserer Hilfe Wünsche und Träume verbinden, doch sind sie hauptsächlich nur insoweit von Bedeutung, wie sie unser gegenwärtiges Handeln beeinflussen.

Dieses Dilemma stammt daher, daß man einzelne Menschen irgendwie von der Gesellschaft trennt. Hier sind die Individuen und dort sind die politischen und administrativen Strukturen. Soziale Einrichtungen aber sind das Ergebnis der Verhaltensweisen und Überzeugungen vieler Tausende von einzelnen Menschen, von denen manche schon tot sind, andere wiederum noch leben. Soziale Einrichtungen hängen zum großen Teil von den lebenden Individuen ab, die ihre Mitglieder sind. Strategien, die auf eine Veränderung abzielen, müssen ein Gleichgewicht zwischen der Befreiung des einzelnen und der Übertragung dieser Befreiung in fairere und weniger repressive Institutionen erreichen.

Echtes Helfen kann sich nicht auf die Psyche des einzelnen beschränken. Es muß auch bedeuten, in die soziale und ökonomische Situation und Umwelt einzugreifen – nötigenfalls sogar störend einzugreifen –, um so die Bedingungen für eine gute Lebensführung zu schaffen. Obwohl die gute Lebensführung wie wir auch aus dem Matthäusevangelium wissen, nicht unbedingt an die Anhäufung materieller Güter gebunden ist!

Ebenso wie eine Politik der sozialen Strukturen gibt es auch eine Politik im unmittelbaren Erleben meiner Umwelt. Es gibt Machtgefühle, die in mir selber wurzeln. Innerhalb der Grenzen meines persönlichen Einflusses versuche ich auf eine diffuse Weise, ein Gleichgewicht zwischen dem von mir wahrgenommenen Geschehen »dort draußen« und den Vorgängen in meinem Kopf zu schaffen. Wie König Lear bemühe auch ich mich um ein Gleichgewicht zwischen Außen und Innen, indem ich sowohl Veränderungen in mir vornehme als auch die Außenwelt zu manipulieren versuche.

Wenn ich meinen Beruf unter dem Aspekt möglicher struktureller Veränderungen betrachte, fühle ich mich deprimiert und mutlos. Mir kommt es vor, als wären die Möglichkeiten, den Klienten wirklich zu helfen, so stark eingeschränkt. Ich bin aber von Kollegen und Kolleginnen umgeben, die einen wirklich effektiven Kontakt herstellen. Es scheint, als würde ich vielen angehenden Sozialarbeitern und Sozialarbeiterinnen helfen und auch von ihnen Hilfe erfahren.

Es ist schwierig, die Welt so zu sehen, wie sie ist. Über weite Teile von ihr habe ich mir schon eine feste Vorstellung gemacht. Ich habe mir eine Reihe von Standards und von Filtern angeeignet, die sich dadurch bemerkbar machen, daß ich, was ich von der Welt erfahre, nahezu ständig beurteile. Dumpf bin ich mir dessen bewußt, daß ich in meiner Wahrnehmung vieles auslese und viele andere ausschließe.

Heute morgen, wo ich mich schon entschlossen habe, in der ländlichen Umgebung spazierenzugehen, regnet es. Ich beschließe also zu schreiben und werde dabei ständig von den Kindern unterbrochen, die mit mir spielen möchten. Das Leben macht mir immer einen Strich durch die Rechnung. Es hält sich nicht an meine Vorschriften, wie es sein soll.

Viele Buddhisten sehen die ganze Grundlage für die »Neurose« in dem Versuch, alles in zwei große Kategorien zu trennen, nämlich in das »Ich« und in das »Andere«. Wenn diese Trennung vollzogen ist, fällt das »Ich« Urteile über Charakter und Wesen der Außenwelt, stellt es sie als bedrohlich, attraktiv oder uninteressant hin.

Ichazo beschreibt die Entwicklung dieses Prozesses der Trennung zwischen Ich und Außenwelt:

Es entwickelt sich ein Widerspruch zwischen den inneren Gefühlen des Kindes und der äußeren sozialen Realität, der es sich anpassen muß. Das Ich-Bewußtsein ist jenes eingeschränkte Bewußtsein, das das Resultat des Falls in die Gesellschaft ist. Die Persönlichkeit bildet eine Schutzschicht über das innerste Wesen, und so gibt es einen Bruch zwischen dem Selbst und der Welt. Nach Meinung des Ich ist die Welt fremd und gefährlich, weil sie es ständig versäumt, die tieferen Bedürfnisse des Selbst zu erfüllen.[10]

Auf diese zentrale Unzufriedenheit und Bedrohung gibt es viele verschiedene Reaktionen. Manche Leute fürchten, von der Außenwelt überrascht, verwirrt oder überwältigt zu werden. Sie versuchen, sich die Außenwelt auf erhebliche Distanz zu halten, indem sie sich abstrakter Intellektualisierungen oder der »Objektivität« bedienen oder indem sie einfach – versteckt oder offen – aggressiv sind. Andere versuchen, sich die Außenwelt als Teil ihres eigenen Territoriums einzuverleiben, und werden auf diese Weise anmaßend, bemutternd oder herrisch.

Es gibt auch ein Vorgehen, bei dem man die Außenwelt verführt und sich dann vom sinnlichen Erleben komplizierter Verwicklungen gefangennehmen läßt. Eine andere Gruppe versucht, aus Angst vor Angriffen oder vor dem Allein- und Ausgeschlossensein durch direkte Manipulation Macht über die Außenwelt zu gewinnen. Wiederum eine andere Gruppe schließlich verfällt in Langeweile. Ihre Energien sind eingefroren, und sie strahlen behäbige Selbstgefälligkeit aus.

Satori oder das Erwachen besteht im Hinwegschmelzen der Barrieren, die uns von der Außenwelt trennen. Die Realität wird unmittelbar wahrgenommen. Das bedeutet:

Kognitive Prozesse werden vorübergehend in der Schwebe gehalten. Gegenständen und anderem wird erlaubt, für sich selber zu sprechen. Dies schafft in der helfenden Person eine kritische Neuorientierung ihrer Einstellung zu anderen. Das Einfühlungsvermögen wird erweitert. Das Ich ist nicht mehr als erlebende Instanz von der Welt und von den anderen getrennt. Man beobachtet sich selber in seinen Interaktionen und Reaktionen nicht mehr mit dem geistigen Auge. Das Erleben wird vereinheitlicht. Der Skifahrer beispielsweise fährt Ski, beobachtet sich aber nicht beim Skifahren. Sein Ich wird durch sein Tun nicht gedanklich in Anspruch genommen, sondern geht vollkommen darin auf.[11]

Veränderungen ereignen sich überall um uns herum, in uns und durch uns. Unsere entschlossene Absicht, die Dinge zu verändern, kann – so gut sie auch gemeint sein mag – wirkliche Entwicklungen behindern, bläht sie doch das Ich auf, statt seine Auflösung zu unterstützen. Jede Veränderung setzt einen gewissen Glauben an ihre Möglichkeit voraus, eine Bereitschaft, sie auch als solche zu erkennen. Dieser Glaube und diese Bereitschaft fehlen aber häufig. Die Moral der Leute ist so niedrig geworden. Sie sehen die Dinge so schwarz, daß sie nicht mehr an echte Veränderungen glauben können, höchstens an Veränderungen zum Schlechtesten. Das Leben kann so zu einer Kette sich selbst erfüllender Prophezeiungen werden.

Es gibt eine Zen-Geschichte über eine Frau, die sich nicht entscheiden konnte, durch welche von zwei Türen sie einen bestimmten Raum verlassen sollte. Beide Türen führten nach draußen. Nach einigen Stunden der Unentschlossenheit türmte sie einige Matten vor einem der Ausgänge und schlief schnell ein. Am frühen Morgen wachte sie auf und überdachte das Problem von neuem. Eine Tür war frei, doch die andere war durch einen Haufen Matten blockiert. Da stieß sie einen langgezogenen Seufzer aus und sagte: »Nun habe ich keine Wahl«.

Zur Rolle des Helfers gehört auch, den Leuten bewußt zu machen, daß überhaupt Entscheidungen getroffen werden müssen. Darin liegt die Bedeutung der Arbeit von Paulo Freire, Ivan Illich und Che Guevara. Es heißt, den Leuten zu helfen, das Ausmaß ihrer Unterdrückung und Ausbeutung zu erkennen. Der Unterdrückte sitzt aber in der gleichen Falle wie der Unterdrücker. Die Radikalen entrüsten sich mit Recht darüber, wie die Ausgebeuteten durch ihre Erfahrungen gedemütigt werden. Doch in einer weniger offenkundigen Hinsicht – und sicherlich auch unter besseren materiellen Bedingungen – gilt dies auch für die Unterdrücker. Im Prozeß der Unterdrückung und Ausbeutung wird die Würde der Menschen auf beiden Seiten erheblich untergraben. Ihr Handeln spiegelt Angst und Unsicherheit wider.

Die Manipulation behindert bei beiden einen wirklichen Reifungsprozeß. Meine Erfahrungen als Helfer, aber mehr noch als jemand, dem geholfen wurde, lassen mich großes Vertrauen in die Fähigkeit einer Gemeinschaft setzen, für sich selber zu sorgen. Die Liebe ist überall. Helfer sind im wahren Sinn des Wortes Menschen, die Wasser am Fluß verkaufen. Das Mitgefühl umfließt uns, obwohl wir es schwierig finden, es zu kanalisieren und für uns nutzbar zu machen.

Wir beginnen mit der Revolutionierung der Gesellschaft, indem wir die Hindernisse aus dem Weg räumen, die es uns erschweren, mehr Liebe aus uns selbst zu verströmen. Wir sind alle darauf bedacht, daß sich überall in einer Gemeinschaft die Menschen mehr lieben. Viel Leid und Ausbeutung kann unbeabsichtigte Ursachen haben. Wir können uns heftig darüber streiten, wie menschliche Fürsorge sein soll, und sicherlich mehr noch darüber, mit welchen Mitteln man sie steigern kann.

Die Frage der Liebe führt uns zu rein äußerlichen Betrachtungen. Haben wir uns nicht zu viele Güter und Rohstoffquellen unserer Welt angeeignet? Wie können wir die Chancen für eine gute Unterkunft, für ausreichende Beschäftigung und angemessene Bildung gerechter verteilen? Unsere politischen Strukturen scheinen häufig Habgier und Ehrgeiz statt Liebe widerzuspiegeln.

Die Liebe beginnt im Herzen des einzelnen. Wir haben bisher noch keine Möglichkeiten aufgedeckt, wie man sie in wohlwollende administrative Strukturen hinein ausweiten kann. Ein wichtiger Aspekt scheint die Größe zu sein. Je größer eine Organisation, desto verlorener und entfremdeter komme ich mir vor. Ich kann nur selten das Gefühl haben, daß ich zähle, wenn ich mit einer riesigen Organisation mit so vielen Regeln, Vorschriften und schriftlich niedergelegten Kommunikationsschlüsseln zu tun habe.

Eine Freundin erzählte mir einmal, daß sie bei einer Gelegenheit einen Gaskocher aus einer Musterausstellung kaufen wollte. Zu ihrem großen Erstaunen sagte ihr der Verkäufer, daß bis zur Lieferung eines jeden Modells im Katalog oder in der Ausstellung sechs Monate oder mehr vergehen würden. Daraufhin bat sie ihn, immer mehr ihren weiblichen Charme spielen lassend: es müßte doch sicher möglich sein, den Kocher früher zu bekommen, oder? Sie wäre ein besonderer Fall. Da nahm er sie schließlich auf die andere Seite des Ladentisches. Dort hing unter dem Pult ein Zettel, auf dem gedruckt stand: »Niemals einem Kunden die Lieferung eines Kochers in weniger als sechs Monaten zusagen!«

Es hat den Anschein, als fänden Gespräche und Kontakte zwischen Rollen und nicht zwischen Menschen statt. Wir berühren einander nur in Form sorgfältig festgelegter und vorgeschriebener Rituale. Wir überreichen uns sorgfältig vorbereitete Manuskripte, über die Schreibtische hinweg und im Besprechungsraum. In einem solchen System geht der Mensch verloren. Der Drang nach Objektivität, Rationalität und Effizienz saugt mir meine Menschlichkeit aus. Ich fühle mich einsamer als zuvor.

Diese Isolation empfinde ich hier und jetzt. Institutionen scheinen so ganz nicht-jetzt zu sein. Sie treffen ständig Entscheidungen und machen Pläne für Dinge, die vielleicht in ferner Zukunft passieren werden. »Was werden wir tun, wenn...?« Als trauten sie sich nicht zu, wenn der Moment da ist, gemeinsam erfolgreich zu reagieren! Ich würde ja gern einmal eine Horde wütender Gürteltiere freilassen und dann sehen, ob sich die Regierung auch schon für dieses Ereignis Pläne zurechtgelegt hat.

Die Regierung ist um ökonomische Effizienz und um den Kontakt mit dem Verbraucher bemüht. Sie versucht, Verfahren zur Verteilung der – jedenfalls im Bereich des Helfens – knappen Ressourcen zu entwickeln und auszuwerten. Sie sollen die sozialen Güter gerechter aufteilen, insbesondere an große Familien, alleinstehende Elternteile, behinderte und alte

Menschen. Angesichts des niedrigen Nutzens von Wohlfahrts-einrichtungen, der Demütigung der Empfänger und des niedrigen Anteils derer, die etwas bekommen – verglichen mit der Zahl derer, die dazu berechtigt sind –, müssen solche öffentlichen Maßnahmen als Mißerfolg gewertet werden.

Ich stimme der These Schumachers in seinem Buch *Small is beautiful* zu. Er argumentiert, daß es sehr viel kleinerer Institutionen und Strukturen bedarf. In einem Kapitel mit der Überschrift »Buddhistische Wirtschaftslehre« schreibt er:

Vom buddhistischen Standpunkt aus gesehen, erfüllt Arbeit mindestens drei Aufgaben: sie gibt dem Menschen die Möglichkeit, seine Fähigkeiten zu nutzen und zu entwickeln. Sie hilft ihm, aus seiner Ichbezogenheit herauszutreten, indem sie ihn mit anderen Menschen in einer gemeinsamen Aufgabe verbindet, und sie erzeugt die Güter und Dienstleistungen, die für ein menschenwürdiges Dasein erforderlich sind... Da Verbrauch nichts anderes ist als ein Mittel zum Wohlbefinden des Menschen, müßte das Ziel das Erreichen eines Höchstmaßes an Wohlbefinden mit einem Mindestmaß an Verbrauch sein.[12, 13]

Es ist kaum einzusehen, wie ein geographisches und administratives Wachstum von Handels- und Regierungsstrukturen eine entsprechende Zunahme an Respekt und Wertschätzung individueller menschlicher Unterschiede und Persönlichkeiten fördern soll. Wie ich schon früher andeutete, kann das Anwachsen von Berufen viel dazu beitragen, das Vertrauen der Menschen in ihre eigene Autonomie zu untergraben, wenn sie sich nämlich eine fachliche Kompetenz in »richtiger Lebensführung« anmaßen. Die Kombination aus großen Berufen und großen administrativen Strukturen kann beim einzelnen das Gefühl seiner Machtlosigkeit verstärken.

Der Reisende schlägt den goldenen Mittelweg ein. Er sieht die Notwendigkeit einer gerechteren Verteilung von Ressourcen und stellt fest, ob solche Institutionen dies erreichen. Er sieht die Notwendigkeit für Berufe, die Fähigkeiten und ethische Kodes der Praxis fördern sollen, und stellt die Kosten der Iatrogenesis in Rechnung.

Echtes Helfen zielt auf eine Befreiung dessen, dem geholfen wird, wie auch desjenigen, der hilft. Helfen kann aber häufig in einer noch stärkeren persönlichen und strukturellen Versklavung beider enden. Unser verzweifeltes Bemühen kann uns noch stärker in das Netz des Ich und des Leides verstricken. Unter dem Vorwand, ihnen helfen zu wollen, streben wir unter Umständen danach, Macht über sie auszuüben.

Ein Ratsmitglied des sogenannten Fife-Komitees für Sozialarbeit argumentierte, daß die Behörden vielleicht bereitwilliger Häuser Familien zur Verfügung stellen würden, wenn sie sich sicher wären, daß ...

... eine weitgehende Überwachung durch die Sozialbehörde gewährleistet sei. Im Falle meiner alten behördlichen Stellung ... stellten wir fest, daß die Sozialbehörde nicht immer eine angemessene Überwachung anbot. So kostet uns beispielsweise eine Familie, die wir in einem Haus untergebracht haben, an die 300 Pfund für Hausreparaturen. Wir müßten eine Sicherheit für angemessene Überwachung geben können, und die Häuser werden im guten Zustand gehalten werden.[14]

Hier werden die politischen und kontrollierenden Funktionen mancher Formen von Hilfe unverblümt ausgesprochen. Solche Beispiele für Hilfe – oder besser Kontrolle – erregen den Zorn und »anarchistische« Bestrebungen.

Sozialarbeiter sind Agenten des Staates. Sie tragen keine Uniformen, sondern sind unauffällig gekleidete Polypen und Verbrecher. Sie überwachen unser Zuhause und unsere Lebensweise. Sie nehmen uns die Kinder weg und schmieren uns alle an. Sie kontrollieren uns unter dem Vorwand, uns zu beschützen ... Sie (die Sozialarbeiterin) bietet uns nichts Nützliches an, etwa auf unser Baby aufzupassen, wenn wir nicht zu Hause sind, nur leeres Gerede und unnütze Anteilnahme.[15]

Ich nehme diese Äußerung, auch wenn sie vielleicht die Dinge überzeichnet, sehr ernst. Ich kann Bemühungen um eine sehr viel weitgehendere Kontrolle nicht nur über Klienten, sondern auch über professionelle Helfer, verstehen. Es scheint wichtig zu sein, daß professionelle Helfer mehr Verantwortung bekommen sollten, die Frage ist aber nur, Verantwortung gegenüber wem?

Der professionelle Helfer wird in verschiedene Richtungen gezerrt, weil er gegenüber administrativen Strukturen, zugleich aber auch gegenüber seinen Klienten mehr Verständnis aufbringen soll. Er soll ein Kanal für soziales Mitgefühl sein, während seine Behörde ihn als Türhüter benutzt, um ein ihrer Ansicht nach mögliches Plündern von Ressourcen durch die Klienten zu verhindern.

Worte wie Verbindungsmann und Koordinator sind neu aufkommende Synonyma für Kontrolle, insbesondere in Zeiten ökonomischer Krisen und verbreiteter Arbeitslosigkeit. Diese Kontrolle hat unter Umständen nichts zu tun mit der Entwicklung ökonomischer oder sozialer Effizienz. Sie zielt eigentlich darauf ab, sich der Verantwortung für bestimmte Arten von menschlichen Situationen zu entziehen. Diese Kontrolle kann enorm viel menschliches Mitgefühl und Enthusiasmus verschwenden, indem sie das Vertrauen der Leute unnötig untergräbt, Neuerungen und kreative Ansätze vernichtet und immer mehr Ressourcen von der vordersten Linie abzieht.

Manche Spannungen scheinen unlösbar zu sein. Ich hörte einer Studentin zu, die die Verteilung von Weihnachtsgeschenken an Rentner organisiert hatte. Eine ältere Person beklagte sich bei mir, daß sie ein lautes Klopfen an ihrer Tür gehört hätte, dann aber, als sie öffnete, nichts anderes als ein großes Paket mit Weihnachtsgeschenken gefunden hätte. Meine Studentin erklärte mir geduldig, daß sie nicht warten und mit den alten Leuten Kontakt aufnehmen würden, weil es »effizienter« wäre, zu klopfen und dann mit der Verteilung der Geschenke fortzufahren. Auf diese Weise dürfte es wohl geschwinder abgelaufen sein, doch nahm sie mit Erfolg die Möglichkeit zum menschlichen Kontakt, der vielleicht noch wichtiger gewesen wäre als das Paket.

Der betrüblichste Aspekt des allgemeinen Trends zu Kontrolle und Organisation ist der Versuch, auch freiwillige Einrichtungen und Einrichtungen der Gemeindehilfe in dieser Form zu verändern. Ich nahm einmal an einem großen Treffen freiwilliger Hilfsorganisationen in Lancashire teil. Veranstalter war die lokale Sozialbehörde, die den Namen »Zusammenarbeit« trug. Nachdem ich mehrere Stunden lang Reden gehört hatte, war ich davon überzeugt, daß der Name »Wir arbeiten für uns« angemessener gewesen wäre.

Das große Ratszimmer wurde von Vertretern der lokalen Behörde beherrscht. Es wurde viel über die Beiträge gesprochen, die die Leute (die freiwilligen Organisationen) den überlasteten Sozialarbeitern leisten könnten. Blaue, rosafarbene und weiße Vordrucke wurden verteilt, um Freiwillige zu ihrer Unterstützung anzuregen.

Abgesehen davon, daß ich eine weitere Gelegenheit erhielt, über meinen eigenen Ärger und meine eigene Arroganz nachzudenken, ging die Konferenz in die Falle, informelle Hilfe von Seiten der Gemeinde in gewisser Hinsicht als Ergänzung zu den Bemühungen der lokalen Behörde und professioneller Helfer anzusehen. Die Vertreter der ortsansässigen Behörden wollten helfen, indem sie eine Koordination der freiwilligen Bemühungen zwecks »Rationalisierung und Vermeidung von Überschneidungen« anstrebten.

Diese Versuche mögen zwar gut gemeint sein, doch können sie die Menschlichkeit abtöten, die ach so ungesteuerte organische Zuneigung zum andern. Ein unorganisches Eingreifen kann aber die Saat wahrer Nächstenliebe vernichten. Das Helfen ist weniger eine aufgabenorientierte Aktivität als eine Ausdrucksform einer bestimmten Lebens- und Existenzweise. Es ist ein Prozeß, der häufig dem Alltagsleben entspringt, und ein Rückzug vor kontrollierenden und formenden Kräften. Wenn wir anderen helfen, so ist dies ein guter Weg, uns selber zu helfen. Nach und nach entwickelt sich eine Kontinuität zwischen dem Ich und den anderen. Die Schranken des Ich schmelzen dahin und das Mitgefühl kann blühen.

Wenn wir erkennen können, daß Ziel und Prozeß des Helfens eins sind, können wir damit aufhören, Rentnern Weihnachtspakete zu schenken. Dabei können wir lernen, einfach zu sein, statt ständig nach Ich-Idealen zu streben, die nur spärliche Befriedigung oder Erleuchtung bieten. Im Geben des Pakets können wir selbst Empfänger sein.

Damit will ich nicht gegen die Aufstellung von Regeln plädieren, die sehr wohl nötig sein können. Informalität und strukturelle Kleinheit sind an sich noch keine Garantien für echtes Respektieren von Menschen. Besser ist, wenn sich diese Regeln organisch aus dem Alltagsleben derer heraus-schälen, für die sie gelten sollen. Besser ist, wenn sich die Menschen ihre eigene Form der Disziplin aneignen können, wie immer sie auch aussehen mag. Auch ist es gut, wenn Regeln Richtlinien und nicht Vorschriften sind, wenn sie zu Entwick-lung, Flexibilität und Freiheit anregen, statt die berufliche Funktion und den sozialen Status von Menschen zu eng festzulegen.

Es muß immer Konflikte geben zwischen der Art und Weise, wie Menschen ihre Wünsche und Bedürfnisse wahrnehmen und wie Behördenvertreter ihren Fall sehen. Sozialarbeiter ordnen eine Familie als sozial schwach ein, die es schafft, mit halb so viel Geld und doppelt so viel Kindern wie professionelle Helfer zu überleben. Diese Behördenvertreter können zumin-dest mit ihren eigenen Bedürfnissen nach Aufrechterhaltung einer ungleichen Gesellschaft fertig werden, Auge in Auge mit denjenigen, die daraus die Konsequenzen als menschliche Wesen und nicht als Bürokraten tragen müssen.

Ich habe die schwierige Aufgabe, den Bürokraten in mir selbst zu akzeptieren. Ich spüre ihn. Ein Teil von mir wünscht, Situationen in der Hand zu haben und nach weitgehendem Einfluß über das Leben von Menschen zu streben. Ein Teil von mir schreit, daß ich es am besten weiß. Der Zorn auf große administrative Einrichtungen ist ein Weg, um diesen nach Kontrolle strebenden Teil in mir zu überwinden.

Das wirklich Großartige an Alexander Solschenizyns Buch *Der Archipel Gulag* liegt nicht in der Beschreibung der entsetzli-chen Unmenschlichkeit von Mensch zu Mensch. Es ist vielmehr

seine eigene Erkenntnis, daß er früher auf dieselbe unmensch-
liche Weise mit Leuten umgegangen ist. Dies sich bewußt
zuzugeben erfordert gewaltigen Mut.[16]

Unsere ehrlichste Errungenschaft besteht wohl darin, unseren
Teil der Verantwortung zu akzeptieren. Der am häufigsten
eingeschlagene Weg, um dies zu vermeiden, ist das Abschieben
der Schuld an andere. »Nicht ich war es, es waren die
anderen...«

Unser Wunsch, andere zu beschuldigen oder selbst beschuldigt zu
werden, ist oft ein Versuch, Ereignisse mit einer Bedeutung zu
versehen, die keine oder nur eine dunkle und verwirrende nahelegen.
Aus irgendeinem undurchschaubar komplexen Zusammenspiel von
Gründen rast ein Lastwagen in eine Menschenmenge, schlägt eine
wirtschaftspolitische Maßnahme fehl oder wird eine Schlacht verloren. Sofort regt sich in uns ein Instinkt, nach jemandem zu suchen,
dessen Verhalten als nachlässig oder kriminell gewertet werden kann,
damit das Ereignis in das große, der Welt zugrundeliegende Ursache-
Wirkungs-Gefüge eingeordnet werden kann.[17]

Geben wir anderen die Schuld, so hilft uns das nicht, sie zu
erreichen. Wie können wir Kontakte knüpfen oder selber Ziel
solcher Bemühungen sein, so daß ein kleiner Teil unserer
Bedürfnisse befriedigt wird? Wie können wir das Streben nach
Liebe mit dem Streben nach Einfluß verbinden? Wie können
wir aufhören zu streben? Dabei können wir uns mehr von
unserer Intuition als von unserem Kopf leiten lassen. Die
emotionale Wärme ist es, die die vielen Barrieren überwindet,
nicht weise Worte.
Sheldon Kopp schreibt:

Andere Forschungen auf dem Gebiet der Selbstenthüllung bekräfti-
gen meine eigene Erfahrung, daß die Selbstoffenbarung des Guru den
Pilger zu immer größerer Offenheit ermutigt. Aber ich arbeite nicht,
um dem Patienten zu helfen, sondern um mir zu helfen. Der Wunsch,
meine Geschichte mitzuteilen, kommt aus meiner eigenen Mitte...
Ich versuche, mich von dem Rat Carl Whitakers leiten zu lassen, den
Patienten nicht zu säugen, wenn er danach schreit, sondern nur, wenn
ich reichlich Milch habe.[18]

Nun erweckt Kopp den Eindruck, als ob Helfen und Hilfe erfahren zwei grundlegend voneinander getrennte Dinge seien. Das entspricht aber nicht meinen eigenen Erfahrungen. Hilfe geben und Hilfe empfangen neigen dazu, miteinander zu verschmelzen, zum Wohl beider Beteiligten freudig zu einem zu werden und sich gegenseitig zu beeinflussen. Wenn ich sehe, daß jemand wirklich leidet (und ich kann da mit meinem Gespür ganz falsch liegen), dann fühle ich in mir am häufigsten ein Bedürfnis, mich um ihn zu kümmern und mein eigenes Herz zu öffnen.

Dank

Jemand, der ein Buch schreibt, hat etwas von einem Dieb an sich. Er stiehlt Zitate und Gedanken von vielen Quellen. Als ich dieses Buch schrieb, habe ich mir von so vielen Leuten Gedanken geliehen oder gestohlen, daß es mir nicht möglich ist, sie alle entsprechend zu würdigen. Bedanken möchte ich mich bei meinen Studenten und Studentinnen an den polytechnischen Schulen von Hatfield, North London und Preston für ihre Geduld, die sie trotz häufiger ehrlicher Verwirrung für mich aufbrachten.

Mein besonderer Dank gilt Gillian Ballance, Shirley und Alex Mendoza, John Pitts, Kay Carmichael sowie meiner Frau Althea. Alles, was an Wert in diesem Buch liegt, verdanke ich voll und ganz der Geduld und Großzügigkeit meiner Zen-Lehrerin, Dr. Irmgard Schloegl von der Buddhist Society.

Bedanken möchte ich mich auch bei einem meiner Verleger, Peter Hopkins, für dessen Vertrauen und Unterstützung, sowie bei dem Herausgeber von *Social Work Today* für die Erlaubnis, Passagen aus meinem ursprünglichen Aufsatz »Zen Social Work« benutzen zu dürfen.

Quellennachweise

Kapitel 1: Einleitung

[1] M. H. Trevor (Übers.): *The Ox and His Herdsman – a Chinese Zen Text.* Hokuseido Press, 1969, S. 95.

[2] Matthäus 8,20.

[3] David Brandon: *Homeless.* Sheldon Press, 1974.

[4] Lucein Stryk u. a. (Hrsg.): *Zen Poems of China und Japan – the Cranes Bill.* Anchor Books, 1973, S. 90.

[5] Leo Tolstoi: *What then must we do?* (übers. von Maude und Aylmer). Oxford University Press, 1975.

Kapitel 2: Was ist Zen?

[1] R. H. Blyth: *Zen and Zen Classics, Bd. 4, Mumonkan.* Hokuseido Press, 1966, S. 42.

[2] Alan Watts: *The Way of Zen.* Penguin Books, 1972, S. 104–105.

[3] Fritjof Capra: *Der kosmische Reigen. Physik und östliche Mystik – ein zeitgemäßes Weltbild.* O. W. Barth, 1977, S. 123.

[4] Daisetz Suzuki: *Zen und Japanese Culture.* Princeton University Press, 1970.

[5] R. H. Blyth: *Zen in English Literature and Oriental Classics.* Dutton, 1960.

[6] Eugen Herrigel: *Zen in der Kunst des Bogenschießens.* O. W. Barth, 1962.

[7] Daisetz Suzuki: Vorwort zu *Introduction to Zen Buddhism.* Rider, 1949.

[8] R. H. Blyth: *Zen and Zen Classics, Bd. 4, Mumonkan,* S. 147.

[9] Irmgard Schloegl (Übers.): *The Record of Rinzai.* Buddhist Society, 1975, S. 9.

[10] A. F. Price & Mou-Lam Wong (Übers.): *The Sutra of Hui Neng.* Shambhala, 1969, S. 25.

[11] Thomas Merton: *The Zen Revival.* Buddhist Society, 1967, S. 14.

[12] Paul Reps (Hrsg.): *Ohne Worte – ohne Schweigen. 101 Zen-Geschichten und andere Zen-Texte aus vier Jahrtausenden.* O. W. Barth, 1976, S. 91–92.

[13] R. H. Blyth: *Zen in English Literature and Oriental Classics.* Dutton, 1960, S. 216.

[14] Paul Reps: *Ohne Worte – ohne Schweigen,* S. 207.

[15] Daisetz Suzuki: *Erfülltes Leben aus Zen.* Barth, 1955, S. 230.

[16] R. H. Blyth: *Zen and Zen Classics, Bd. 4, Mumonkan,* S. 44.

[17] Thomas Merton: *The Way of Chuang Tzu.* Allen & Unwin, 1970.

[18] J. Krishnamurti: *You are the World.* Krishnamurti Foundation, 1972.

[19] Idries Shah: *The Exploits of the Incomparable Mulla Nasrudin.* Jonathan Cape, 1966.

[20] Thomas Merton: *Zen and the Birds of Appetite.* New Directions Publications, 1968.

[21] Thomas Merton: *The Wisdom of the Desert.* Sheldon Press, 1974, S. 30.

[22] *Ebd.,* S. 62.

[23] Daisetz Suzuki: *Essays in Zen Buddhism* (erste Serie). Rider, 1949, S. 268–269.

Kapitel 3: Hilfe als Behinderung

[1] Bernard Shaw: *Des Doktors Dilemma,* 1906, 1. Akt.

[2] Philip Slater: *The Pursuit of Loneliness – American Culture at Breaking Point.* Penguin Books, 1975, S. 154–155.

[3] Williard C. Richan & Allan Mendelsohn: *Social Work – The Unloved Profession.* New Viewpoints, Franklin Watts, 1973, S. 16.

[4] John Nurse: »The Client, the Caseworker and the Absent Third Person«. *British Journal of Social Work,* Frühjahr 1973, S. 39–53.

[5] David Brandon: *Homeless.* Sheldon Press, 1974.

[6] Ivan Illich: *Die Nemesis der Medizin. Von den Grenzen des Gesundheitswesens.* Rowohlt, 1977, S. 41.

[7] Herschel Prins: »Motivation in Social Work«. *Social Work Today,* Bd. 5, 18. 4. 1974.

[8] Ivan Illich: *Die Nemesis der Medizin,* S. 42–43.

[9] David Brandon: »Confidentiality in Social Work?« *Community Care,* 23. 4. 1975.

[10] Geoffrey Pearson: »Making Social Workers: Bad Promises and Good Omens«. In: Roy Bailey & Mike Brake (Hrsg.): *Radical Social Work,* Arnold, 1975, S. 30.

[11] Anthony Bloom: »Yoga and Christian Spiritual Techniques«. In: Pitrim A. Sorokin (Hrsg.): *Forms and Techniques of Altruistic and Spiritual Growth.* Beacon Press, 1954, S. 97.

[12] Michael Frayn: *Constructions.* Wildwood House, 1974, S. 32.

[13] G. M. Aves: *The Voluntary Worker in the Social Services.* Allen & Unwin, 1969 (Aves Report), S. 171.

[14] Bill Jordan: *The Social Worker in Family Situations.* Routledge & Kegan Paul, 1972, S. 136.

[15] Williard C. Richan & Allan Mendelsohn, *Social Work – The Unloved Profession*, S. 9.

[16] Noel Timms & J. Mayer: *The Client Speaks*. Routledge & Kegan Paul, 1970.

[17] J. E. Neill u. a.: »Reactions to Integration«. *Social Work Today* 4 (15), S. 458–465.

[18] Michael Bayley: *Mentally Handicapped and the Community*. Routledge & Kegan Paul, 1973.

[19] Alexander Solschenizyn: *Krebsstation*. Buch 1. Luchterhand, 1968, S. 114–115.

[20] Tony Smythe & Denise Winn: aus *Mind Out,* journal of Mind Campaign, Nr. 10 (April 1975).

[21] Ivan Illich: *Die Nemesis der Medizin.*

[22] J. E. Neill u. a., »Reactions to Integration«.

[23] David Brandon: »New Careers – social judo?« *Community Care,* 23. 10. 1974.

[24] Irmgard Schloegl: *The Wisdom of the Zen Masters.* Sheldon Press, 1975, S. 12.

Kapitel 4: Mitgefühl

[1] Paul Reps (Hrsg.): *Ohne Worte – ohne Schweigen,* S. 61–62.

[2] Bentz Plagemann: *My Place to Stand.* Farrar Strauss, 1949, S. 9.

[3] Chögyam Trungpa: *Spiritueller Materialismus. Vom wahren geistigen Weg.* Aurum-Verlag, Freiburg im Breisgau, 1975, S. 86.

[4] Christmas Humphreys: *A Western Approach to Zen.* Allen & Unwin, 1971, S. 146.

[5] Philip Kapleau (Hrsg.): *Die drei Pfeiler des Zen: Lehre, Übung, Erleuchtung.* Rascher, Zürich und Stuttgart, 1969.

[6] Erich Fromm: *Die Kunst des Liebens.* Ullstein Materialien, 1979, S. 43.

[7] Herschel Prins: »Motivation in Social Work«.

[8] Philip Kapleau (Hrsg.): *Die drei Pfeiler des Zen,* S. 201–202.

[9] Erich Fromm: *Die Kunst des Liebens,* S. 118.

[10] Lao-tse: *Tao-Te-King. Das heilige Buch vom Weg und der Tugend.* Übersetzung, Einleitung und Anmerkungen von Günther Debon. Reclams Universal-Bibliothek Nr. 6798 (2), S. 34.

[11] Erich Fromm: *Die Kunst des Liebens,* S. 46.

[12] R. H. Blyth: *Zen in English Literature and Oriental Classics.* Dutton, 1960, S. 95.

[13] *Ebd.,* S. 355.

[14] Erich Fromm: *Die Kunst des Liebens,* S. 26.

Kapitel 5: Hier und Jetzt

[1] Chögyam Trungpa: *Aktive Meditation. Tibetische Weisheit.* Walter, Olten (Freiburg im Breisgau), 1972, S. 83.

[2] Thomas Keefe: »A Zen Perspective on Social Casework«. *Social Casework* (USA), März 1975.

[3] Abraham Maslow: *The Farther Reaches of Human Nature.* Penguin Books, 1973, S. 103.

[4] Carl Rogers: *Die klientenzentrierte Gesprächspsychotherapie.* Kindler, 1976, S. 59.

[5] Herbert Guenther & Chögyam Trungpa: *Tantra im Licht der Wirklichkeit. Wissen und praktische Anwendung.* Aurum-Verlag, Freiburg im Breisgau, 1976, S. 90–91.

[6] Abraham Maslow: *The Farther Reaches of Human Nature,* S. 129.

[7] Blaise Pascal: *Über die Religion und über einige andere Gegenstände (Pensées).* Heidelberg: L. Schneider, 1964, II. Fragment 172, S. 93–94.

[8] Joen Fagen (Hrsg.): *Gestalt Therapy Now.* Penguin Books, 1973. Siehe Kapitel 6: Arnold Beisser: »The Paradoxical Theory of Change«.

[9] R. H. Blyth: *Zen in English Literature and Oriental Classics.* Dutton, 1960, S. 101.

[10] Paul Reps (Hrsg.): *Ohne Worte – ohne Schweigen,* S. 40–41.

[11] Nobuyuki Yuasa (Übers.): *The Narrow Road to the Deep North and other Travel Sketches.* Penguin Books, 1966, S. 33.

Kapitel 6: Taoistische Veränderung

[1] Chögyam Trungpa: *Aktive Meditation,* S. 87–88.

[2] Charles Reich: *Die Welt wird jung. Der gewaltlose Aufstand der neuen Generation.* Rowohlt, 1973, S. 71.

[3] Val Hennessy: Brief an *New Society:* »Free Children«. 30. 10. 1975.

[4] Charles Reich: *Die Welt wird jung,* S. 109.

[5] Geoffrey Parrinder: *Die Religionen der Welt.* Ebeling, Wiesbaden, 1977, S. 286.

[6] Chang Chung.yuan: *Creativity and Taoism.* Wildwood House, 1975, S. 36.

[7] Rollo May: *Die Quellen der Gewalt. Eine Analyse von Schuld und Unschuld.* Molden, Wien–München–Zürich, 1974, S. 17–19.

[8] Howard Bahr: *Skid Row – an Introduction to Disaffiliation.* Oxford University Press, 1973.

[9] Charles Reich: *Die Welt wird jung,* S. 227–228.

[10] Paulo Freire: *Erziehung als Praxis der Freiheit. Beispiele zur Pädagogik der Unterdrückten.* Rowohlt, 1980.

[11] Thomas Merton: *The Way of Chuang-Tzu*, S. 28.

[12] *Ebd.* Einführung S. 23.

[13] R. H. Blyth: *Zen and Zen Classics, Bd. 4, Mumonkan*, S. 54–55.

[14] *Ebd.*, S. 304–305.

[15] Abraham Maslow: *The Farther Reaches of Human Nature*, S. 15.

[16] *Ebd.*, S. 15.

[17] Virginia Axline: *Dibs. Die wunderbare Entfaltung eines menschlichen Wesens.* Scherz, Bern–München, 1980, S. 40.

[18] T. R. Batten: *The Non-directive Approach in Group and Community Work.* Oxford University Press, 1971.

[19] Saul Alinsky: *An Encounter with the Rama Indians,* (Film).

[20] Thomas Merton: *The Way of Chuang-Tzu*, S. 70.

[21] Bill Jordan: »Is the Client a Fellow Citizen?« Vortrag anläßlich der Konferenz der British Association of Social Workers in Edinburgh, September 1975.

[22] E. M. Schur: *Radical Non-Intervention.* Heinemann, 1973.

[23] Charles Reich: *Die Welt wird jung*, S. 182.

[24] Robert Pirsig: *Zen und die Kunst, ein Motorrad zu warten. Ein Versuch über Werte.* S. Fischer, Frankfurt am Main, 1976, S. 314.

[25] C. R. Hensman: *Rich against Poor – the reality of aid.* Penguin Books, 1975, S. 51.

[26] Sheldon Kopp: *Triffst du Buddha unterwegs . . . Psychotherapie und Selbsterfahrung.* Fischer-Taschenbuch-Verlag, Frankfurt am Main, 1979, S. 60.

Kapitel 7: Zen in der Kunst des Helfens

[1] Philip Kapleau (Hrsg.): *Die drei Pfeiler des Zen*, S. 204.

[2] Irmgard Schloegl: *The Wisdom of the Zen Masters*, S. 25.

[3] Fritz Perls: *Gestalt-Therapie in Aktion.* Klett, Stuttgart, 1974.

[4] Alan Watts: *Psychotherapie und östliche Befreiungswege.* Kösel, München, 1981, S. 40.

[5] Ven Maha Sthavira Sangharakshita: *The Essence of Zen.* Friends of the Western Buddhist Order, 1973, S. 26.

[6] Chögyam Trungpa: *Spiritueller Materialismus*, S. 74.

[7] R. D. Laing: *Intervention in Social Situations.* Philadelphia Association, S. 16.

[8] C. W. Mills: »The Professional Ideology of Social Pathologists«. *American Journal of Sociology,* 49 (2), S. 171.

[9] Roy Bailey & Mike Brake (Hrsg.): *Radical Social Work.* Arnold, 1975, S. 6.

[10] Sam Keen: »A Conversation about Ego Destruction with Oscar Ichazo«. *Psychology Today,* 7 (2), Juli 1973.

[11] Thomas Keefe: »A Zen perspective on social casework«, S. 140–144.

[12] F. E. Schumacher: *Die Rückkehr zum menschlichen Maß. Alternativen für Wirtschaft und Technik = Small is beautiful.* Rowohlt, 1978, S. 49.

[13] *Ebd.* S. 52.

[14] *Guardian* vom 8. 11. 1975.

[15] Zitiert in *Case con* (magazine for revolutionary social workers), Frühjahr 1975.

[16] Alexander Solschenizyn: *Der Archipel Gulag.* Scherz, Bern–München, 1974. (Kapitel 4: »Die blauen Litzen«).

[17] Michael Frayn: *Constructions*, Absatz 12.

[18] Sheldon Kopp: *Triffst du Buddha unterwegs...*, S. 26–27.

Rainer Wittenborg

Robert Masters und Jean Houston

Bewußtseinserweiterung über Körper und Geist

Ein praktisches Übungsbuch
Mit einem Vorwort von Moshé Feldenkrais
240 Seiten. Kartoniert

Bisher ist es dem Menschen nur gelungen, einen kleinen Teil seiner Fähigkeiten zu entwickeln. In uns allen schlummern ungenutzte Möglichkeiten. Wie können wir sie wachrufen?

Dieses »bedeutsame und höchst originelle Buch« (Moshé Feldenkrais) zeigt, daß der Durchbruch gelungen ist: Robert Masters und Jean Houston, zwei »Pioniere moderner Bewußtseinsforschung«, haben herausgefunden, daß eine Ausweitung des menschlichen Potentials dauerhaft möglich ist – ohne hypnotische Trance oder Drogen, allein durch körperlich-geistige Übungen. In diesem Buch stellen sie ihre Methode »psychophysischer Umerziehung« und das dazu entwickelte, langerprobte Übungsprogramm vor. Es handelt sich um verschiedenartige Bewegungsübungen, die jeder ohne Risiko auch allein ausführen kann.

»Ein Buch, das Psychotherapie, Psychosomatische Medizin und Erziehung revolutionieren kann.«

(Dr. Stanislav Grof, Esalen Institute, USA)

Kösel-Verlag · München

Kenneth R. Pelletier

Unser Wissen vom Bewußtsein

Eine Verbindung westlicher Forschung
und östlicher Weisheit

312 Seiten. Kartoniert

In der sich zuspitzenden geistigen und kulturellen
Krise des Westens kommt der Erforschung und Entwicklung des Bewußtseins überragende Bedeutung
zu. Mit diesem Buch ist der Durchbruch zu einer neuen
Sicht gelungen.

Ausgehend von der ganzheitlichen Neuorientierung
unseres Welt- und Menschenbildes durch die moderne
Physik überprüft Pelletier die wichtigsten Daten konventioneller Bewußtseinsforschung aus Einzeldiszi-
plinen im Lichte neuerer, übergreifender Untersuchungen, z. B. des Biofeedback, der Holographie, ver-
änderter Bewußtseinszustände sowie verschiedener
Meditationssysteme. Diese Ergebnisse fortschrittli-
chen westlichen Denkens verbindet der Autor erst-
malig mit der Weisheit östlicher Disziplinen. Entstanden ist dabei nicht nur eine faszinierende kritische
Bestandsaufnahme, sondern zugleich eine neue, evo-
lutionär begründete Vorstellung von Bewußtsein
überhaupt: Weiterentwicklung zu reicheren und rei-
feren Formen erscheint möglich.

Kösel-Verlag · München